토기장이

"우리는 진흙이요 주는 토기장이시니
우리는 다 주의 손으로 지으신 것이라"(이사야 64:8)

지금, 당신이 살고 있는 바로 그곳에서

선교사
처럼
살라

Live Like a Missionary
giving your life for what matters most

Copyright © 2011 by Jeff Iorg
All rights reserved.

Korean translation copyright © 2012 by Togijangi Publishing House
Togijangi B/D 3F, Mangwonro 26, Mapogu, Seoul 04007 Korea

This Korean edition is published by arrangement with New Hope Publishers
P. O. Box 12065 Birmingham, AL 35202-2065
through Riggins International Rights Service
New Hope Publishers is a division of WMU.

본 저작물의 한국어판 저작권은 New Hope Publishers와의 독점 계약으로 한국어 판권을 '도서출판 토기장이'가 소유합니다. 저작권법에 의하여 한국 내에서 보호를 받는 저작물이므로 무단 전재와 무단 복제를 금합니다.

특별한 표기가 없는 모든 성경 구절은 개역개정성경을 인용한 것입니다.

지금, 당신이 살고 있는 바로 그곳에서
선교사처럼 살라

제프 아이오그 지음 · 손정훈 옮김

토기장이

••• 헌사 •••

나이가 들어서 좋은 일 가운데 하나는
오래된 좋은 친구들을 가질 수 있다는 것이다.
이 책을 키스와 제인, 개리와 수전, 보비와 그웬, 래리와 진,
릭과 수잔느, 그리고 러스티와 실라에게 바친다.
평범한 그리스도인들인 이들은 이 책에 기록된 메시지대로
살아감으로써 공동체와 세상을 변화시켰다.
나에게 끊임없이 영감을 주는
평생의 친구들에게 감사를 전한다.

· · · 추천의 글 1 · · ·

그리스도인이여,
선교 사명에 응답하라

지금까지 선교사는 하나님의 부르심을 받아 하나님 나라를 확장하기 위해 복음을 들고 다른 나라로 파송을 받는 사명자로 알려져 있다. 선교사가 감당해야 할 일은 복음을 전하고 교회를 세우며 하나님의 뜻을 선교지에서 이루어 가는 것이다. 이것이 과거의 선교에 대한 인식이었다면, 이제는 특정한 사람이 아닌 하나님의 부름을 받은 모든 그리스도인들이 선교를 감당해나가는 선교사가 되어야 한다. 왜냐하면 특정한 지역과 민족이 아니라 세상 모든 곳, 복음을 받아들이지 않은 사람들이 있는 모든 곳이 선교지이며, 그곳에 그리스도인이 있다면 그 그리스도인을 통해 복음이 증거 되어야 하기 때문이다.

그런 의미에서 「선교사처럼 살라」는 이 시대를 살아가는 모든 그리스도인들에게 큰 도전을 주게 될 것이다. 이 책은 이제까지 부름 받은 사명자만이 선교사가 된다는 일반적인 생각을 깨뜨리고, 하나님의 자녀로 부름을 받은 모든 그리스도인들이 선교에 함께 동참할 수 있는 방법과 그 길을 제시해주고 있다. 아직 선교사로서의 사명을 감당하기 두려운 그리스도인이 있다면 이젠 두려워하지 말라. 이 책은 사명을 감당해나갈 수 있도록 훈련하는데 좋은 스승이 되어 줄 것이며, 독자 여러분을 선교적 삶으로 인도해줄 것이다.

    이 책을 통해 선교에 대한 뜨거운 감동과 도전을 주신 하나님께 감사드리며, 이 땅에 모든 그리스도인들이 복음을 증거 하는 선교적 삶을 살아가기를 기도드린다.

김상현 목사 • 부광교회 담임

・・・ 추천의 글 2 ・・・

선교, 사람을 향한 부르심

하나님 나라에 대한 소망의 눈이 열리면서 나는 선교사로 나가는 것이, 깨달은 진리에 대한 정직한 응답이라고 생각했다. 하지만 하나님은 내게 선교사로 직접 나가기보다는 선교동원가로서의 삶으로 부르셨다. 지금까지 섬기는 교회를 선교지향적인 교회로 세우는 일에 힘써오며 느끼게 되는 안타까운 점은 여전히 대부분의 그리스도인들이 선교사로의 부르심을 소수의 사람들에게 부여된 사명이라고 생각하는 점이다.

이 책은 구원받은 모든 그리스도인들에게는 선교사로서의 부르심이 있고, 그 부르심에 어떻게 응답해서 살아가야 하는지를 쉽고도 구체적으로 제시해주고 있다. 저자는 선교사로의 부르심은 특정한 지역으로의 부르심이 아니라 사람들에게로의 부르심이라는 점을 확인해준다. 이 점에 눈이 열린다면, 선교지는 땅 끝일 뿐 아니라 내가 늘 부딪히고 살아가는 가족과 직장과 나라에도 해당되는 것임을 알게 될 것이다.

선교사로 헌신한 이들에게 뿐만 아니라 선교는 여전히 부담스럽고 나와 상관없는 일이라고 생각하는 사람들 모두에게 이 책을 강력히 추천한다. 주부도, 직장인도, 현재의 삶의 자리에서 훌륭하게 선교 사명을 감당할 수 있다. 선교는 일로의 부르심이 아니라, 우리 삶 자체의 변화로의 부르심이기 때문이다.

이 책을 읽으면서 기록된 대로 삶의 구체적인 부분에 하나씩 적용해보길 권한다. 그러나 방법으로 받지 말고, 내 삶의 모든 영역에서 복음을 살도록 촉구하시는 주의 인도하심으로 받기 바란다. 이 땅에 오신 최초의 선교사이자 완전하신 선교사이신 예수님께서 독자 여러분의 선교적 삶을 친히 인도하실 것이다.

선교적 삶을 사는 그리스도인들을 통해 이 땅에 복음의 생명이 충만하게 하소서!

유기성 목사 • 선한목자교회 담임

차 례

헌사 | 추천의 글 1,2

1장... 선교사처럼 살기로 각오하라 ... 013

2장... 선교사처럼 기도하라 ... 035

3장... 선교사처럼 복음을 연구하라 ... 064

4장... 선교사처럼 성령을 체험하라 ... 095

5장... 선교사처럼 관계를 형성하라 ... 124

6장... 선교사처럼 세상으로 나아가라 ... 151

7장... 선교사처럼 장애물을 뛰어넘어라 ... 178

8장... 선교사처럼 변화하라 ... 206

9장... 선교사처럼 헌신하라 ... 234

10장... 선교사처럼 불가능에 도전하라 ... 263

부록 | 선교적 삶으로 이끄는 묵상과 적용

1장

선교사처럼 살기로 각오하라

고정 관념은 쉽게 사라지지 않는다. 당신이 많은 의미가 담긴, '선교사'라는 단어가 들어간 제목의 책을 집어 들었다는 사실 자체가 경이로운 일이다! 이 책을 선택했다는 것은, 복음을 전하라는 지상명령에 합당한 삶을 살고자 하는 깊은 갈망이 마음속에 자리하고 있음을 말해준다. 즉, 선교사의 심장이 당신 안에서 박동하고 있는 것이다. 하지만 '선교사가 아닌 당신'이 무엇을 할 수 있겠는가? 어떻게 하면 마음속 깊은 곳에 있는 영적 갈망을 표출하고, 또 하나님이 주신 사명을 실천하며 살아갈 수 있겠는가?

'하나님이 정말 나 같은 사람도 사용하셔서 영혼을 변화시키고, 교회를 세우고, 그분의 나라를 확장시키실 수 있을까?'라고 생각하는가? 무슨 말인가! 당연하다. 지금 당장 당신이 사는 곳에서 '선교사처럼 사는 법'을 배우기만 한다면 말이다. 이 책은 지구를 절반이나 돌아가야 하는 선교사의 여정 대신 바로 지금 당신이 살고 있는 곳에서 사명을 실천하며 살 수 있는 모험 가득한 영적 여행의 길로 당신을 안내할 것이다.

··· 선교사가 되는 것과 선교사처럼 되는 것

그리스도인들 사이에서 선교사라 함은 복음을 전하고, 교회 리더들을 견고히 세우며, 사람들의 필요를 채우거나, 아니면 하나님의 나라를 확장시키는 일에 자신의 삶을 헌신하여 머나 먼 곳으로 떠나는 사람들로 알려져 있다. 일반적으로 선교사가 되는 것을 지리적인 이동과 동일한 것으로 간주한다. 물론 하나님은 어떤 그리스도인들을 선택하셔서 자신을 희생하도록 부르시고, 우리 모두는 그들의 순종에 대해 감사한 마음을 가져야 한다. 선교사는 흔히 자신이 살던 곳에서 멀리 떨어진 장소로 이주해 전혀 다른 문화와 지역, 종교, 국가에서 섬기는 사람이다. 대부분의 그리스도인들은 '선교사가 감당해야 하는 문제들'에 대해 한 번쯤 고려해보고는 도저히 자신이 감당할 만한 일이 아니라는 결정을 내렸을 것이다.

그러나 복음을 전하며, 교회 지도자들을 견고히 하고, 사람들의 필요를 채우는 일, 그리고 하나님의 나라를 확장하기 위해 여러 가지 노력을 기울이는 일은 모든 그리스도인들의 책임이자 특권이다. 하나님은 소수의 그리스도인들을 불러 선교사가 되게 하신다. 그리고 나머지 모든 그리스도인들에게는 선교사와 같은 책임을 지며 살아가도록 사명을 맡기신다. 이 책은 당신을 전통적인 의미의 선교사로 만드는 책이 아니다. 이 책은 당신에게 선교사처럼 살아가도록 삶의 습관들을 재조정하는 방법을 가르쳐 줄 것이고, 또 그렇게 살아가도록 도전할 것이다. 당신은 이 책을 통해 선교사들의 중요한 생활 습관들을 발견하고, 그것을 당신의 삶에 적용하는 방법을 알게 될 것이다. 점점 더 기독교적 가치관의 영향력에서 멀어지고, 성경적 진리에 무지해지고 있는 현대 사회에서 이러한 일은 그 어느 때보다도 더 중요하다.

대부분의 그리스도인은 복음을 전파하고, 교회 지도자들을 도우며, 사람들의 필요를 채우고, 하나님 나라의 확장에 기여하고 싶어 한다. 선교사의 심장은 여전히 예수님을 진심으로 따르는 모든 자들의 마음속에서 뛰고 있다. 그러나 슬프게도 삶에 억눌려 그 박동이 미약해지고 있다. 이 책은 그러한 갈망을 다시금 솟구치게 하고 강력해지게 만들 것이다. 아울러 당신의 한계를 날려 버릴 뿐 아니라 주변에 있는 모든 사람들의 인생을 변화시키는 놀라운 하나님의 모험 속에 당신을 동참시킬 것이다.

새로운 정의

'선교사가 되다'라는 말이 너무 좁은 의미로 정의되어 왔다. 그래서 성도라면 누구나 마땅히 감당해야 할 이 '선교적' 책임을 더 잘 묘사하기 위해 새롭고 다양한 용어와 표현들이 만들어져 왔다.

'선교적'이라는 단어가 그중 하나이다. '선교적 그리스도인'은 하나님의 사명을 잘 이해하기에 자신의 삶을 그 사명에 맞추어 설계한다. 전통적인 의미에서 쓰인 '선교사'란 말도 사실 '선교적 그리스도인'을 의미함이 분명하다. 국경을 넘어가거나 전 세계를 다니지 않고서도 전략적으로 복음을 전하거나 주의 나라를 확장하는 등 여러 활동을 한다면 그 사람은 '선교적 그리스도인'이라고 할 수 있다. 성도를 묘사하는 또 다른 표현으로서 '선교 중인 그리스도인'이 있다.

선교적 라이프 스타일과 관련해 역동성과 에너지, 진보를 잘 표현하는 '선교 중인'이라는 말은 당신이 중요한 대의명분을 위해 어디론가 가서 무엇인가를 하고 있음을 암시한다. 거기에다 '그리스도인'이라는 표현을 덧붙이는 것은 불필요한 반복이 될 수 있다. 복음을 전하라는 하나님의 지상명령을 이해하고 그것을 매우 진지하게 받아들이는 성도라면 그리스도인다운 헌신의 자연스런 표현으로 '선교 중인' 삶을 살 것이기 때문이다. 그러므로 성도라면 '선교적인' 혹은 '선교 중인' 그리스도인으로 묘사되는 것이 당연하다.

성경적인 사례

바울은 '선교 중인' 삶의 모습을 그대로 재현하는 동시에 전통적인 의미로서의 선교사의 면모를 잘 보여 주는 인물이다. 그는 사도행전에 기록되어 있듯이 복음 전도의 책임에 대해 말할 때 자신의 폭넓은 여행 경험을 이야기하기보다는 자신의 인생 목적을 묘사하는 데 우선순위를 두었다. 장소보다는 목적에 대해 더 깊이 고민하는 것은 당신에게도 중요한 우선순위가 되어야 한다. 현재 당신에게 있는 선교의 기회는 사실 당신이 선교 여행을 하며 발견하는 것보다 더 중요하고 그 방법은 무궁무진하다. 지난 수십 년간 다양한 세대의 그리스도인들에 의한 선교 여행이 매우 눈에 띄게 증가했음에도 불구하고 이것은 분명한 사실이다. 이제 바울의 간증을 통해 선교사처럼 살아가야 하는 당신의 사명을 더 잘 이해할 수 있는 핵심 전제 두 가지를 함께 알아보자. 그것은 첫째, 모든 그리스도인들에게 선교적인 책임이 있으며 둘째, 선교의 노력은 반드시 사람에게 초점이 맞추어져야 한다는 것이다. 바울은 자신의 경험을 다음과 같이 요약했다.

"이 복음을 위하여 그의 능력이 역사하시는 대로 내게 주신 하나님의 은혜의 선물을 따라 내가 일꾼이 되었노라 모든 성도 중에 지극히 작은 자보다 더 작은 나에게 이 은혜를 주신 것은 측량할 수 없는 그리스도의 풍성함을 이방인에게 전하게 하시고 영원부터 만물을 창조하신 하나님 속에 감추어졌던 비밀의 경륜이 어떠한 것을 드러내게 하려 하심이라"엡 3:7-9.

그 중 그 어느 것도 소홀할 수 없다. 당신은 언제부터 복음을 전하라는 하나님의 명령에 책임을 느끼게 되었는가? 당신은 언제부터 사람들에게 예수님을 소개해야 한다는 부담감을 느끼게 되었는가? 당신은 언제부터 선교하는 그리스도인으로 살아야 한다고 생각하기 시작했는가? 그에 대한 답은 아마도 당신을 놀라게 할 것이다. 당신이 회심한 바로 그 순간 모든 것이 시작되었기 때문이다. 바울은 "이 복음을 위하여 그의 능력이 역사하시는 대로 내게 주신 하나님의 은혜의 선물을 따라 내가 일꾼이 되었노라"엡 3:7라고 말한다. 그는 자신의 선교적 책임감이 회심의 순간 시작된 것으로 본다. 복음을 들고 새로운 곳으로 나아가는 선교사로서의 부르심은 그 다음 경험한 것이었다행 13:1-3.

이것은 확연히 구별된 사건이었다. 사도 바울처럼 두 번째 사건을 경험하진 못했을지라도, 당신이 그리스도인이라면 첫 번째 사건은 분명히 경험했을 것이다. 예수님을 구주로 영접하고

'그의 능력이 역사하시는 대로 내게 주신 하나님의 은혜의 선물'을 받아들였을 때, 당신 역시 '측량할 수 없는 그리스도의 풍성함을 전할' 책임을 느끼게 된 것이다. 당신은 어쩌면 회심의 순간, 선교적 책임이 부여되었다는 사실을 깨닫지 못했을 수 있다. 그렇다고 해서 그 일이 일어난 사실 자체를 부인할 수는 없다. 당신은 어쩌면 어릴 적 여름 성경 학교에서 자신의 구원을 위해 기도하던 중 예수님께 당신의 삶을 헌신하였을지도 모른다. 어쩌면 여러 해 동안 하나님께 반항하다가 인생의 후반부가 되어서야 비로소 예수님께 나아왔을 수도 있다. 혹은 충분한 성경 지식 없이 그저 예수님을 구주로 믿고 신뢰하게 되었을 수도 있다. 당신이 어떻게 또 언제 그리스도인이 되었든지 상관없이 회심의 순간, 당신은 모든 이들에게 복음을 전하는 하나님의 사역에 동참하게 된 것이다.

그렇게 중차대한 책임감이 자신도 모르는 사이에 주어진 것에 대해 어쩌면 적잖이 당황할지도 모르겠다. 그러나 너무 놀라지 말라. 무언가를 선택할 때 그로 인해 처음 생각했던 것보다 훨씬 더 많은 것들을 책임져야 하는 일은 일상에서도 흔히 일어나기 때문이다. 예를 들어, 고등학교를 졸업한 뒤 학생들은 대학에 합격하여 전공을 정하고 그 후 학위 과정에 맞추어서 수강 과목들을 신청한다. 그 후 수강 과목에 따른 수업 과제를 받게 되면, 자신들이 감당해야 할 과제의 분량에 큰 충격을 받는다. 자신이 감당할 수 없는 거래를 이미 선택했고, 이제는 다른 선택의 여지없이 새로운 의무를 감당해야만 한다.

그런 일은 애완동물을 기를 때도 경험한다. 당신의 자녀가 강아지 한 마리를 사달라고 조른다고 가정해보자. 당신은 자녀와 한두 번 혹은 여러 차례 심각한 대화를 나누며 애완동물을 키울 때 드는 온갖 수고에 대해 설명할 것이다. 그러나 자녀는 자기가 꼭 강아지 밥을 챙겨 주고, 훈련도 시키고, 털도 빗어 주고, 놀아줄 뿐 아니라 배설물도 모두 치우겠다고 철석같이 맹세한다. 그런데 점차 애완동물을 키우면서 자녀는 전에 생각했던 것만큼 동물을 키우는 일이 재미있지만은 않음을 깨닫게 된다. 당신의 자녀는 완전히 이해하지 못한 일에 헌신한 것이고, 우리 모두는 그 책임이 결국 누구에게 떨어지게 되는지 잘 알고 있다!

하지만 이런 과정과 관련한 가장 일반적인 예는 결혼 생활이라 할 수 있다. 젊은 커플이 목사님 앞에 서서 결혼 서약을 한다. 그들은 자신들의 사랑에 대해 확신하고, 결혼이 가져오는 모든 특권과 책임에 대해 완전히 이해하고 있다고 자신한다. 정말로! 하지만 결혼 생활에 자신들이 예상했던 것들보다 훨씬 더 많은 것들이 연관되어 있다는 사실을 깨닫는 데에는 며칠, 아니 길어야 몇 주가 걸리지 않는다. "네, 서약합니다!"라고 결혼 서약을 할 때까지도 그들은 자기가 무얼 하고 있는지 아무런 생각이 없다. 다시 한번 강조하지만, 사람들은 자신의 선택이 초래하는 의무에 대한 이해 없이 헌신을 결정하는 경우가 많다.

나는 자주 아내, 앤에게 "내가 세 명의 다른 여자와 결혼을 했다"고 농담하곤 한다. 우리는 결혼한 지 30년이 되었는데, 아내는 그동안 놀랍게 변화되었다. 그에 반해서 나야 물론 그녀와 처음 결혼했을 때와 똑같이 자상하고, 훌륭한 남편이지만 말이다! 한번은 내가 놀렸다.

"앤! 나는 세 명의 다른 여자와 결혼한 것 같아요. 처음에는 '새 아내' 앤이었고, 그 다음에는 '슈퍼맘' 앤이었는데 이제는 '사역의 여왕' 앤이 되었으니까 말이에요. 도대체 얼마나 많은 당신이 아직 남아 있는 거예요?"

그녀는 미소를 지으며 "글쎄요, 나도 모르겠어요. 적어도 한두 명 정도는 더 남아 있지 않겠어요? 재미 있잖아요" 하고 대답했다. 아닌 게 아니라 아내의 새로운 모습을 발견하는 일은 정말 흥미진진하다! 우리는 결혼 서약을 주고받을 때 앞으로 어떤 일들이 일어날지 상상조차 하지 못했었다.

예수님과의 관계도 마찬가지다. 회심의 순간, 당신은 구원받았다. 당신의 죄는 모두 용서받았고, 영생을 선물로 받았다요 3:16. 그러한 결과들은 바라고 예상하던 바였다. 그러나 그후 훨씬 더 많은 일들이 일어났다. 당신은 성령으로 세례를 받고, 처음 성령 충만을 경험했다고전 12:13. 성령의 은사도 경험했고고전 12장 ; 롬 12:3-8 ; 엡 4:11-12, 성령에 의해 인친 바 되었을 뿐 아니라엡 1:13 교회의 일원이 되었다엡 3:10-12. 당신은 이제 당신에게 있는 은사와 배경, 그리고 경험에 맞게 주어진 어떤 기능을 가지고 그리스도의 몸을 이루는 한 지체가 된 것이다고전 12:12-27.

만약 당신이 청소년 시기에 한 캠프에서 회심한 사람이라면 단지 모닥불 주변에서 드린 예배를 통해 당신의 모든 죄가 용서받았다는 사실만을 기억할 것이다. 그러나 그것은 하나님께서 그날 밤 당신의 인생에 바꾸어 놓은 수만 가지 변화 중 단지 한 가지에 불과하다. 그 밤 일어난 수많은 일 가운데 한 가지는 당신이 바로 '선교적 삶'으로 부름받았다는 것이고, 다른 한 가지는 하나님의 사역에 동참하도록 부름받았다는 사실이다.

••• 사람이 중요한가, 장소가 중요한가?

바울의 간증 가운데 가장 심오하지만 잘못 이해되고 있는 부분이 있다. 그것은 그의 선교적, 그리고 선교적인 여정의 목적이 무엇이었냐는 것이다. 대부분의 성도들은 선교사가 된다는 것에 대한 선입견 때문에 모든 그리스도인들이 지리적으로 낯선 곳에서 사명을 감당해야 한다고 가정한다. 우리는 이미 바울이 선교의 소명을 받게 된 것이 그가 회심한 이후 특별한 체험을 통해행 13:1-3 진행된 것임을 배우면서 그 선입견을 깨뜨렸다. 그렇다면 선교적 삶의 핵심은 집에서 멀리 떨어진 새로운 곳으로 나아가는 것만이 아님이 분명하다. 선교사들은 새로운 지역으로 파송되지만, 선교적 그리스도인은 집 가까운 곳에서 그들의 믿음을 실천하며 살아갈 수 있다. 다른 지역으로 이주하는 것만이 선교적 삶의 궁극적인 척도는 아닌 것이다. 선교적 삶의 기본이자 가장 도전이 되는 궁극적인 목적은 바로 주변에 있는 사람들에게 복음을 전하는 것이다.

바울은 "이 은혜를 주신 것은 … 이방인에게 전하게 하시고"엡 3:8라고 적고 있다. 그는 나아가 이방인들이야말로 그의 선교 목표라고 강조했다.

"그러나 내가 너희로 다시 생각나게 하려고 하나님께서 내게 주신 은혜로 말미암아 더욱 담대히 대략 너희에게 썼노니 이 은혜는 곧 나로 이방인을 위하여 그리스도 예수의 일꾼이 되어 하나님의 복음의 제사장 직분을 하게 하사 이방인을 제물로 드리는 것이 성령 안에서 거룩하게 되어 받으실 만하게 하려 하심이라"롬 15:15-16.

바울은 그의 선교 목표를 이방인들이라고 명시하고 있다. 당신의 선교적 삶은 지리적 위치에 따라서가 아니라 '당신이 복음을 전하기로 헌신한 사람들'에 의해 정의된다. 장소보다 사람이 더 중요하다. 선교적 그리스도인은 특별한 무리의 사람들이나, 자신이 속한 그룹 안의 사람들에게 복음을 전하며 관계를 맺는다. 당신이 만약 선교적 삶을 살게 되면, 당신은 전도 대상자로서 한 무리의 사람들을 목표로 삼게 되고, 전략적으로 그들에게 복음을 전파하기 위해 자신을 투자하게 된다. 바울은 이방인들에게 복음을 전하기로 헌신했다. 당신의 목표는 아마도 그것보다는 좀 더 작을 것이다. 예를 들어 집 주변의 고등학교에 다니는 청소년들, 당신의 자녀가 속한 놀이 그룹에 있는 엄마들, 함께 근무하는 직장 동료들, 혹은 한 주에 두 번씩 농구 시합을 하는 친구들이 전도 대상일 수 있다.

약 20년 동안, 목사로서 그리고 교단의 대표로서, 나의 개인적인 선교지는 지역 청소년 스포츠 프로그램에 참여하는 가족들이었다. 세 명의 자녀들이 모두 운동선수인 나로서는 가장 자연스러운 접점이었다. 우리 가족은 경기에 참관하려고 무작정 가기보다는 우리처럼 운동을 좋아하는 가족들에게 전략적으로 접근하는 방법을 택했고, 그 덕분에 계속해서 우정 어린 관계를 맺을 수 있었다. 그리고 그 과정을 통해 우리는 몇 명의 사람들이 예수님을 영접하는 것을 목격했다. 지금은 자녀들이 모두 성인이 되었지만, 내게 있어 '이방인'들은 여전히 우리 지역의 야구팀 사람들이다. '야구 지파'라고 불러도 좋을 만큼 야구를 향한 나의 애정과 야구 애호가들에 대한 나의 이해, 그리고 그들을 편안하게 복음으로 이끌 수 있는 자신감이 야구팀을 비옥한 선교지로 만든 것이다.

선교적 그리스도인들은 사람들에게 영적인 충격을 주는 것을 궁극적인 우선순위로 삼는다. 이와 같은 원칙은 심지어 자신을 전통적인 의미에서 선교사로 분류하는 사람들에게까지 매우 중요하게 확대 적용된다. 하나님은 여전히 어떤 사람들에게는 지리적으로 먼 곳으로 나아가 새로운 문화와 언어를 배우고, 그곳에서 복음을 전하기를 원하신다. 하지만 '장소'는 이와 같은 부르심을 받은 선교사들에게 핵심적인 요소가 아니다. 장소가 아닌 사람이 하나님의 관심사이며, 이는 선교사라고 주장하는 모든 이들에게도 가장 궁극적인 목표가 되어야 한다. 만약 지리적 요소를 궁극적인 목표로 삼는다면 당신은 선교적 삶을 살아가는 사람이 아닐 수도 있다. 장소는 당신의 부르심에 가장 중요한 요소가 아니다.

내가 몸담고 있는 신학교의 학생들이 선교사로서 부르심을 받았다고 내게 말하면 보통 나는 이렇게 질문한다.

"자네는 하나님이 자네를 어떤 사람들에게로 이끄신다고 느끼나?"

그리고 그다음 던지는 질문은 그들에게 부르심의 속성이 무엇인지 더욱 분명하게 하기 위함이다. 만약 그들이 "하나님이 저를 중국으로 부르신다고 생각해요" 하면 나는 그들에게 신학교에 다니는 동안 어느 중국 교회에 출석할 계획이냐고 물어본다. 그러면 "아, 지금은 영어로 설교하는 교회에 출석합니다만, 나중에 중국에 가게 되면 중국인들을 대상으로 사역할 계획입니다" 하고 대답한다. 그러면 나는 친절하지만 매우 직선적인 어조로 반응한다.

"오 그래? 나는 자네가 중국인들에게 나아가도록 부름받았다고 말하는 줄 알았네. 그런데 자네는 꼭 한 번 중국을 여행하고 싶어 하는군!"

나는 되도록 친절하게 핵심을 잘 전달하려고 한다. 하나님께서 당신을 특별한 사람들에게로 부르신다면, 부지런히 그들에게 나아가라. 아니면 적어도 그들 가운데 살기 위해 바쁘게 준비하라. 왜 교회와 선교 위원회 혹은 선교 단체들은 정작 주변에 살고 있는 이방인들에겐 관심도 없는 사람을 먼 데 있는 이방인들의 나라로 파송하는 일에 재정을 지원해야 하는가?

감사하게도, 대부분의 학생들은 자신의 소명이 장소가 아닌 사람이라는 것을 이해한다. 그들은 자신들이 부름받은 국가의 사람들에 대해 이야기한 뒤 근처에 있는 그 나라 사람들의 교회를 소개해달라고 부탁하곤 한다.

신학교에 입학한 한 커플이 자신들은 동아시아에 대한 부르심이 있다고 고백했다. 그 뒤 그들은 앞으로 섬기려고 한 나라의 사람들이 출석하는 교회에서 청소년 부서를 섬겼고, 그 나라의 언어와 문화를 배우기 시작했다. 머지않아 그들은 그 나라의 문화에 깊은 이해를 가지며 완전히 동화되었다. 마침내 그들이 졸업하게 되었을 때, 우리는 그들이 택한 삶의 방식에 크게 감동받았고, 그 부르심의 진정성도 확인하여 그들을 동아시아 선교 사역에 자신 있게 추천했다.

또 다른 학생 매니는 내가 질문을 하기도 전에 자신을 소개한 후, "이 근처에 브라질 사람들의 교회가 있나요? 저는 이제 막 모잠비크에서 돌아왔는데 졸업 후에 다시 그곳으로 돌아가려고요. 그래서 계속 포르투갈어를 연습하고 싶은데요. 혹시 또 누가 알겠습니까? 마지막에는 브라질에서 사역을 하게 될지"하고 말했다. 매니는 하나님의 부르심을 확실히 이해했던 것이다! 그는 모잠비크이든 브라질이든 혹은 그 어떤 나라든 포르투갈어를 말하는 사람들에게 복음을 전하도록 부름받은 것이다. 그렇다면 무엇을 더 기다리겠는가? 그는 미래의 사역을 준비하는 동안 지금 그 공동체에 자신을 깊이 몰입시키고 있는 중이다.

오늘날 세계 각국의 사람들은 이전과는 비교할 수 없을 정도로 큰 규모로 이동하고 있다. 이와 같은 지리적 대이동은 전통적인 의미에서 선교사로 부름받은 이들에게조차 놀라운 반응들을 불러 일으키고 있다.

베트남인을 대상으로 사역 중인 목사 개리는 하나님의 부르심을 감지했다. 그는 주님께서 그를 베트남 사람들에게로 이끄신다는 강한 부르심을 느꼈다. 그러나 그는 독일로 보냄을 받았다! 그 과정을 지켜보며 첫 번째 내가 생각한 것은 도대체 선교 위원회의 어떤 천재(?)가 그걸 좋은 생각이랍시고 내놓았는가 하는 것이었다. 내가 개리에게 "왜 하필 독일이랍니까?" 하고 물었더니 그는 "제게 배정된 도시에는 약 10만 명도 넘는 가난한 베트남 사람들이 서비스업에 종사하고 있습니다. 그들은 더 나은 삶을 위해 그곳으로 이주했죠. 서구적인 기준에서 보면 아직도 한참 가난하지만, 이전보다는 훨씬 나은 삶을 살고 있습니다." 그러고는 결정타를 날렸다 "하나님은 내게 베트남으로 가라고 하신 것이 아니라, 베트남 사람들에게 나아가라고 부르셨거든요. 나는 내가 필요한 곳이라면 어디든지 갈 것입니다"라고 답했다. 개리는 하나님의 부르심을 분명히 이해하고 있었던 것이다. 그는 어떤 장소가 아닌 어떤 사람들에게 나아가도록 부름받았다. 그는 그가 부름받은 베트남 사람들이 기다리고 있는 곳이라면 어느 곳으로 보냄을 받더라도 순종할 것이다. 그를 독일에 배정한 선교 위원들은 사실 무언가 제대로 알고 있었던 것이다.

당신이 예수님을 따르는 자라면 당신에게는 분명한 선교 과제가 있다. 바로 사람들에게 다가가는 것이다. 그때 자연스럽게 이어지는 다음 질문이 있다. 그들이 과연 어느 민족이냐는 것이다. 바울의 용어로 바꾸어 말하자면 누가 당신의 '이방인'인가 하는 것이다. 하나님이 당신을 특별하게 준비시키신 후 어느 민족을 섬기도록 하셨는가? 어떤 종족을 당신은 책임져야 하는가? 전통적인 의미에서 선교사가 되려면 주소가 바뀌어야 될지 모른다. 하지만 선교적 삶을 살기 위해 반드시 그럴 필요는 없다.

당신은 같은 지역에 살며 정기적인 만남을 가지고 있는 사람들을 섬기도록 부름받았다. 만약 당신이 사는 지역 밖에 있는 사람들을 섬기기 위해 부름받았다면, 예를 들어 수단 난민들을 돕도록 부름받았다면 그들을 찾아 지구 반대편까지 가기 전에 당신의 주변에 이미 이주해 있는 수단 사람들을 왜 먼저 돕지 않았는가? 먼저 당신 주변에 있는 해당 국가 사람들을 찾아 나선 뒤 그들을 섬기라. 그렇게 새로운 언어와 문화권에 있는 사람들을 향한 하나님의 부르심을 먼저 확인해보기 바란다. 기억하라. 당신이 만약 주변에 있는 러시아 사람들조차 찾아가 도우려 하지 않는다면 교회나 선교 단체가 무엇 때문에 당신의 모스크바 행 사역을 후원해야 하겠는가?

만약 당신이 르완다에 있는 고아들에 대해 마음의 부담감을 느낀다면, 먼저 당신이 속한 지역의 흑인 고아들을 섬기면서 그 소명을 확인하기 바란다. 만약 당신이 멕시코의 가난한 자들을 도와야 한다고 강하게 느낀다면, 먼저 당신의 지역에 있는 남미 출신 이민자들을 찾아 자신의 시간을 투자해보기 바란다. 만약 하나님께서 당신으로 하여금 스페인 감옥의 미혼모들에게 복음을 전하기 원하신다면 먼저 당신이 사는 지역의 교도소에서 자원봉사를 시작하라. 만약 당신이 아프리카의 에이즈 환자들을 돌보기 원한다면, 먼저 당신 지역의 에이즈 환자를 위한 센터에서 봉사활동을 시작하라. 그들이 고아이든, 이주자이든, 죄수이든 혹은 국외 추방자들이든 당신은 그들을 먼저 당신의 지역 사회에서 만날 수 있을 것이다.

당신이 만약 주요 도시에 거한다면 국적과 상관없이 거의 세계 모든 나라 사람들을 만날 수 있을 것이다. 만약 하나님이 당신으로 하여금 당신의 공동체를 벗어나 특정한 무리의 사람들을 섬기도록 이끄신다면 먼저 부지런해져야 한다. 문화적 훈련이나 언어 준비, 지리적 이동과 같은 요소들이 순종보다 앞서서는 안 된다. 실제로는 하나님의 부르심과는 정반대 방향으로 일이 진행될 수도 있기 때문이다. 지금 당신이 있는 곳에서 할 수 있는 일을 하면서 하나님의 명령에 순종하라. 그리고 국내에 머물든 다른 나라로 가든 당신에게 주신 선교 사명과 열정에 따라 주님께서 부르실 것을 기대하라. 다른 나라로 이동한 다음 거꾸로 그 소명과 열정을 확인하는 것이 아니다. 확실한 부르심의 시간까지 당신이 사는 곳에서 선교사처럼 살아가면 되는 것이다.

··· 이제 시작이다

이 책의 메시지는 두 가지 확신에 기초하고 있다. 첫 번째는 모든 그리스도인들에게 선교적인 사명이 있다는 것이다. 그것에 선교 중인 삶, 선교적 삶, 혹은 선교적 그리스도인 등등 뭐라고 이름을 붙이든지 간에 당신은 회심과 동시에 사명을 부여받았다. 회심의 순간에는 비록 깨닫지 못했을지라도, 그럼에도 불구하고 그 일은 일어난 것이다. 당신은 복음을 전하고, 제자를 삼으며, 새신자들에게 어떻게 믿음을 실천하며 살아갈 수 있을지 가르침으로써 하나님 나라를 확장하는 대사명을 완수할 책임이 있다마 28:18-20. 바로 당신이 이 사명에 동참할 책임이 있는 것이다. 다른 사람을 대신 보내거나, 누군가에게 이 일을 미룰 수도 없고, 목사님에게 떠넘길 수도 없다. 은사나 재주가 부족하니 못하겠다고 포기할 수도 없다. 당신의 자리를 대신할 대리인을 고용할 수도 없다. 당신은 다른 사람들의 삶에 의미 있는 변화를 일으키기 위한 하나님의 계획하심 가운데 이미 거하고 있다. 이것은 두 번째 중요한 확신으로 자연스럽게 연결된다.

두 번째 확신은 당신의 선교 사명이 사람과 관련된 것이라는 사실이다. 선교 사명을 감당하기 위해서 당신은 반드시 수고로움을 감당해야 한다. 사람들과 함께 일하는 것은 정말 골치 아픈 일이다. 많은 시간이 들고, 예측 불가능하고, 때로는 미치게 만들기도 하고, 반대로 흥미진진하기도 한다. 나의 멘토가 사역의 성공을 위한 경구로 내게 가르쳐 준 것이 있는데 그것은 '개인적인 노력이 모든 것의 열쇠'라는 사실이다. 그의 말이 옳았다. 직접적으로 사람들과 부대끼며 일하는 것을 대체할 수 있는 것은 아무것도 없다. 예수님께서 그것의 좋은 모델을 보이셨고, 우리도 그렇게 해야만 한다.

어떤 누구도 이 과제로부터 면제될 수 없다. 사역을 잘하도록 사람들을 가르치고, 교수와 스텝들이 같은 목적을 잘 감당할 수 있도록 행정적으로 돕는 것만으로도 신학교 총장으로서 내게 주어진 대사명의 책임을 완수하는 것이라 생각할지 모른다. 그렇다면 정말 잘못 생각한 것이다. 그것이 나의 개인적인 사명을 완성시키는 것은 아니다. 그래서 거의 매주 나는 시간을 들여 젊은 프로 야구 선수들의 공동체를 섬기는 일을 하고 있다. 사실 그다지 빛이 나는 일은 아니다. 인생의 고민을 들어주고, 조언할 때 그들로부터 받는 하나님에 대한 냉담함과 말씀에 대한 거부감, 영적 미숙함을 견뎌 내야 하기 때문이다. 또 그들의 질문에 인내심을 가지고 대답하고, 그들을 위해서 함께 기도하기도 하는데, 주로 선수들이 덕아웃이나 물품 보관소에 앉아 밥을 먹는 동안 나는 다른 쪽 무릎에 성경을 받쳐 들고서 상담할 때가 많다. 이 일은 힘들고 때로는 절망감이 드는 일이기도 하다. 하지만 보상은 그 모든 수고를 충분히 상쇄하고도 남을 정도로 크다.

당신의 선교적 삶은 반드시 사람을 향해 있어야 한다. 장소에 의해 제한되는 것이 아니다. 그것은 프로그램이나 건물, 위원회나 조직 또는 교회나 사역 조직을 움직이는 다른 핵심 구조들에 관련된 것도 아니다. 물론 당신이 만약 교회나 사역을 움직이는 지도자라면 당신에게 그에 대한 책임이 있을 수 있다. 그러나 사역을 행정적으로 지원하는 것과 개인적으로 사람들을 만나 일하는 것을 혼동하지 말라. 목사, 장로, 집사, 지도자, 교사, 교수, 혹은 총장 등 당신의 직분은 당신이 리더십을 발휘하는 것을 가장 중요한 역할로 요구할지 모른다. 이러한 책임을 잘 감당하라. 그러나 그 과정에서 감당해야 할 중요한 역할이 당신을 본받기 원하는 사람들 앞에서 위험을 감수하고서라도 사람들과 직접 대면하여 복음의 열매를 맺는 것임을 꼭 기억해야 한다.

••• 첫 단계는 무엇인가?

당신은 선교사처럼 살아갈 준비가 되었는가? 그렇다면 무엇을 가장 먼저 해야 할까? 바로 무릎을 꿇는 일이다. 선교적 여정을 앞두고, 혹은 중도에 심지어 그 이후에도 기도를 대체할 수 있는 것은 아무것도 없다. 무릎 꿇는 것이 어딘가로 나가는 것보다 앞서야 한다. 기도하는 것이 행하는 것보다 앞서야 한다. "내게 복을 주시옵소서!" 하는 식의 기도로는 선교적 삶을 살아갈 때 직면하는 많은 영적 싸움을 승리로 이끌 수 없다.

성경은 하나님의 부르심을 감당할 때 우리가 구체적으로 어떻게 기도해야 할지 적절한 가르침을 제공하고 있다. 이제 다음 장으로 넘어갈 텐데, 선교적 삶을 잘 실천할 수 있도록 부디 당신의 기도를 잘 가다듬기 바란다.

2장

선교사처럼 기도하라

'가정한다'presume는 말과 '간주한다'assume는 말에는 분명한 차이가 있다. 어떤 일을 '가정한다'고 할 때 우리는 일어나지 않은 어떤 일을 마치 일어난 것처럼 생각하고 그것에 맞추어 반응한다. 반대로 '간주한다'고 할 때는 앞으로 일어날 어떤 일에 대해 책임까지도 질 만큼 확신하는 자세를 취한다. 열정적인 기도는 탁월한 사역과 선교에 필수적인 요소이다. 기도하지 않는데 하나님께서 당신을 통해 일하신다거나, 누군가 당신을 대신해 기도해주리라고 가정해서는 안 된다. 그러나 선교의 진보를 위한 전략적 기도는 당연한 것으로 간주되어야 한다. 이것이 매우 벅찬 사명처럼 느껴질지라도, 우리에게는 그 일을 효과적으로 감당하는 데 도움이 될 만한 자료들이 있다.

기도에 대해 쓰는 것은 마치 누군가에게 골프를 가르치는 것과 같다. 골프 사전에 등재된 용어대로 표현하자면 나의 골프 실력은 '해커', 즉 게임은 할 줄 알지만 누군가를 가르칠 실력은 되지 않는 상태에 해당한다. 기도에 대해서 내가 느끼는 바도 비슷하다. 자주 기도해도, 항상 부족하다고 느끼기 때문이다. 나는 내가 기도의 용사라든가 위대한 중보자라고 생각지 않는다. 감사하게도 당신은 주님이 주신 사명에 따라 기도하는 법을 배우기 위해 내가 주는 영감이나 다른 어떤 사람의 예를 의지할 필요가 없다. 우리에게는 '선교적인 기도'에 대해 가르쳐 줄 훨씬 나은 자료가 있기 때문이다. 그것은 바로 성경이다. 성경은 이 중요한 분야에 대해 분명한 지침과 사례를 풍성히 제공해준다.

우리는 기도할 때 하나님이 우리의 기도를 반드시 들으시고 응답하신다는 것을 확신하는 가운데 기도하길 원한다. 그것은 가능한 일일까? 물론이다!

성경은 말한다.

"그를 향하여 우리의 가진 바 담대함이 이것이니 그의 뜻대로 무엇을 구하면 들으심이라 우리가 무엇이든지 구하는 바를 들으시는 줄을 안즉 우리가 그에게 구한 그것을 얻은 줄을 또한 아느니라"요일 5:14-15.

강력한 기도의 핵심은 하나님의 뜻에 따라 기도하는 것이다. 가장 단순하고 확실하게 하나님의 뜻에 따라 기도하는 비결은 성경적인 기도를 하는 것이다. 만약 기도에 대한 가르침이나 기도에 대한 요청, 또는 실제 기도 내용들이 성경에 기록되어 있다면 당신은 그 기도가 틀림없이 '하나님의 뜻'이라는 테스트를 통과했다고 확신해도 좋다. 선교적으로 기도하는 최고의 비결은 당신이 보기에 가장 하나님의 뜻에 합치하는 성경적 기도를 발견하고 그것을 사용하는 것이다. 만약 다음에 소개하는 모델들에 기초해 기도한다면 당신은 자신의 기도가 주님께 상달되고 반드시 응답받는다고 확신할 수 있을 것이다.

잃어버린 영혼들을 찾고 그분의 나라를 확장하는 것보다 하나님께 더 중요한 일은 없다. 이것이야말로 하나님의 뜻이다. 그래서 신약 성경은 다섯 가지의 구체적인 기도 제목과 기도에 대한 가르침, 그리고 선교적으로 기도하는 데 좋은 모델이 되는 실제 기도문들을 싣고 있다.

이제 하나님의 나라를 확장하고, 잃어버린 영혼들을 구원하는 중대한 문제와 관련하여 하나님의 뜻에 따라 기도하는 능력을 키울 수 있는 좋은 사례들을 함께 살펴보도록 하자.

••• 더 많은 사람들이 영적 추수에 참여하도록 기도하라

"예수께서 모든 도시와 마을에 두루 다니사 저희 회당에서 가르치

시며 천국 복음을 전파하시며 모든 병과 모든 약한 것을 고치시니라 무리를 보시고 불쌍히 여기시니 이는 그들이 목자 없는 양과 같이 고생하며 기진함이라 이에 제자들에게 이르시되 추수할 것은 많되 일꾼이 적으니 그러므로 추수하는 주인에게 청하여 추수할 일꾼들을 보내 주소서 하라 하시니라"마 9:35-38.

예수님은 더 많은 사람들이 그의 추수에 동참하도록 기도하라고 말씀하셨다. 주님께서 그렇게 가르치신 배경이 중요하다. 예수님께서 하신 일에 대해 묘사한 부분을 주목해보라. 예수님은 매우 열정적으로 사역에 참여하셨다. 그분은 가르치시고, 전파하시고, 치유하시며 모든 마을과 도시들을 돌아다니셨다. 도움을 필요로 하는 수많은 무리들이 예수님으로 하여금 긍휼한 마음, 아픈 마음으로 사역하게 하였다. 예수님은 주위에 있는 사람들을 보시고 "목자 없는 양과 같이 고생하며 기진"한 사람들이라고 하셨다.

이렇게 예수님의 사역에 대한 성경 지식을 통해서 우리는 사람들에 대한 예수님의 긍휼하심과 예수님이 그들을 섬기기 위해 많은 것을 희생하셨음을 알게 된다.

예수님이 얼마나 열심히 일하셨는지 보고 있노라면 혹시 그분이 '기도'하는 것 말고 다른 방향을 제시하시지는 않았을까 싶은 착각이 들기도 한다. 어쩌면 예수님은 제자들에게 이렇게 말씀하셨는지도 모른다.

"좀 부지런히 움직여라. 이 일은 도저히 나 혼자 감당하기 어려운 일이야! 이 사람들을 좀 정리시켜 주렴! 제일 긴급한 사람부터 사역하면 그나마 좀 더 빨리 일할 수 있지 않겠어? 내가 얼마나 부지런히 일하고 있는지 보란 말이야! 그러니 너희도 더 열심히 일해야 한다. 자 서둘러 가자!"

그러나 제자들이나 당신이 더 열심히 혹은 똑똑하게 일하는 것은 예수님의 관심사가 아니었다. 예수님은 열두 제자보다 훨씬 더 많은 사람들을 얻어 그분의 일에 동참시키는 것이야말로 진정한 해결책임을 아셨다. 예수님은 그의 왕국이 힘에 부치게 일하는 몇몇 제자들에 의해서가 아니라, 그 부담을 함께 나누는 많은 사람들에 의해서만 이루어질 수 있음을 아셨다. 그래서 예수님은 추수 때에 더 많은 일꾼들을 보내어 달라고 기도하라고 하셨던 것이다.

그러므로 이제 새로운 방법으로 추수에 동참할 수 있게 해 달라고 주님께 기도하라. 당신의 삶을 통해 복음을 전하시고자 하는 하나님의 열정을 더 효과적으로 전달시키는 것이야말로 당신이 이 책을 읽는 진짜 이유이다. 주님의 명령대로 올려 드린 이 기도는 작은 싹처럼 당신의 삶 속에 서서히 자라날 것이다. 또한 당신이 완전히 헌신되고, '선교적 그리스도인'으로서의 삶을 완전히 재조정할 수 있게 되기를 기도하라. 게으르게 앉아서 누군가가 당신의 일을 대신해주기를 기대하지 말고, 추수에 적극적으로 참여할 수 있도록 기도하라.

일단 추수에 참여하면 당신은 더 많은 일꾼들을 위해 더욱 간절히 기도하게 될 것이다. 예수님 당시에는 손으로 추수를 했다. 포도 수확에서 곡식 수확까지 대부분의 수확 작업을 손으로 한 것이다. 가축들이 동원되긴 하였지만, 그것들조차 사람이 손으로 직접 돌보고 먹여야만 했다. 당시 추수하는 이들은 해 뜰 무렵 들판으로 나가서 해 질 때까지 조악한 기구들을 가지고 고달프게 일해야만 했다.

시원한 그늘 아래에서 들판에 이는 바람을 맞으며 앉아 있는 주인과 허리를 구부리고 비오듯 땀을 쏟으며 들판에서 일하는 일꾼의 입장이 얼마나 다를지 한번 상상해보라. 둘 중 누가 추수가 빨리 마쳐지기를 고대하겠는가? 당연히 들판의 일꾼들일 것이다. 일꾼들은 어서 일을 빨리 마치고 쉬고 싶을 것이다. 추수의 결과물을 더 많이 누리고 싶은 주인은 시간이 지날 수록 일꾼들을 더 심하게 부릴 것이다. 둘 다 추수가 빨리 끝나기를 원하지만, 육체적인 고통을 경험하는 것은 일꾼뿐이다. 누가 더 일이 빨리 끝나기를 고대하며 도움의 손길을 기대하겠는가? 다시 말하지만 그것은 일꾼들이다. 그들은 일하는 날 수를 줄이고, 나쁜 날씨나 벌레 떼들로 인한 재앙을 당하기 전에 맡겨진 일을 서둘러 끝마치기를 원한다. 주인은 추수 양이 줄 때 소득이 줄어들 것을 염려하지만 일꾼들은 힘들게 일하며 겪는 육체적인 고통을 걱정한다.

당신이 추수하는 일에 뛰어들게 되면 더욱 간절히 기도하게 될 것이다. 이런 시나리오를 생각해보자. 산부인과 응급 센터에서 일하는 자원봉사자가 당신의 교회에서 사역 설명회를 한다고 생각해보자. 많은 젊은 여성들이 경험하는 위험한 상황과 낙태 위기에 놓여 있는 아기들을 돌볼 필요에 대해 그는 역설할 것이다. 그리고 사역이 확대될 수 있도록 더 많은 일꾼과 재정이 공급되기를 기도해달라고 부탁할 것이다. 목사님이 기도를 인도하실 때 당신도 고개를 숙이고 부디 하나님께서 그 필요를 채워 주시기를 간절히 기도할 것이다. 당신은 어쩌면 주차장으로 나오는 길에 얼마를 그 자원봉사자에게 건네줄지도 모른다. 그러나 일단 교회를 떠나면 당신이 들었던 그 내용들을 그리 오래 기억하지 못할 것이다.

그러나 만약 당신이 바로 그 자원봉사자였다면 어떨까? 월요일 아침에 일어나 기도하기 위해 무릎을 꿇을 때 당신의 사역에 더 많은 봉사자들을 보내 달라고 전날 하나님께 기도한 것을 잊어 버리겠는가? 아마도 그렇지 않을 것이다. 당신이 땡볕 아래 논밭에서 고역을 참아 내며 일할 때, 당신은 분명히 기도하게 될 것이다. 누군가 강하게 동기를 부여해주지 않아도 자연스럽게, 자발적으로, 그리고 아주 열정적으로 기도하게 될 것이다.

추수하는 일꾼은 그늘에 앉아 쉬는 사람들보다 더 열심히 기도한다. 당신의 가족이나 친구들 혹은 당신이 목표로 하는 그룹 안의 비그리스도인들을 상대로 적극적으로 전도할 때 당신은 그들을 위해 기도하게 될 것이다. 또한 당신은 더 많은 일꾼들이 각자에게 꼭 맞는 선교 현장을 찾아 일하게 되기를 기도할 것이다.

추수할 더 많은 일꾼들을 달라는 기도가 응답된다는 것이 어떤 것인지 생각해본 적이 있는가? 여러 해 전에, 추수할 일꾼들을 보내달라고 기도할 때만 해도 나는 그다지 확신이 없었다. 더 많은 일꾼들이란 더 많은 교회 성도들이 교회가 후원하는 사역에 동참하는 것이라고 생각했다. 그래서 더 많은 성도들이 복음적인 프로그램과 사역, 그리고 복음 전하는 일에 동참토록 하기 위해 오랜 시간 성도들에게 설교하고 가르치며 권면하였다. 물론 더 많은 사람이 교회 사역에 동참하게 되는 것도 더 많은 일꾼을 달라는 기도에 대한 응답일 수 있다. 그러나 더 많은 일꾼들을 모집할 수 있는 근원이자 동시에 그 많은 일꾼들을 보낼 수 있는 장소가 있는데 그것은 추수 마당인 바로 그곳이다.

당신이 선교 사역을 시작할 때 얻게 되는 열매는 다름 아닌 예수님을 믿기로 다짐하고 주 앞에 나아오는 사람들이다. 이러한 새신자들을 훈련시킬 때 당신의 책임 중 하나는 그들이 추수 마당에서 당신을 돕는 동역자가 되도록 도전하는 일이다. 그런데 새신자들에게 "복음을 전하기 이전에 배워야 할 것이 아주 많다"고 말하며 제자도에 대해 잘못된 가르침을 전한다. 이것은 몇 가지 면에서 매우 비생산적이다. 첫 번째 새신자들은 세련되지 못한 대신 그 단점을 훨씬 뛰어넘는 열정을 가지고 있다. 그들을 한번 풀어 놓아 보라. 그러면 하나님께서 그들의 열정적인 전도가 빚어 내는 순수한 실수를 어떻게 사용하시는지 보게 될 것이다. 두 번째 새신자는 잃어버린 영혼들을 많이 알고 있고, 또 그들도 옛 친구인 새신자들을 잘 알고 있다. 최근에 개종한 사람의 변화된 삶은 매우 강력한 증거가 되기 때문에 그들은 자연스럽게 복음을 전할 수 있다. 세 번째 새신자는 그들이 최근까지 함께 지내온 공동체에서 쓰는 언어와 관습뿐 아니라 그 공동체의 필요와 문제까지도 잘 알고 있다. 간단히 말해, 새신자는 그들의 추수 마당에 있는 사람들과 자연스럽게 교류하는 법을 알고 있는 것이다.

내 친구 던은 미서부의 주요 도시에 있는 해방 교회에서 일한다. '해방 운동'은 매우 거칠고 자유로운 오토바이족들 가운데서 처음 태동했다. 그들과 아무 상관없이 지내던 던은 어느 날 그 그룹 리더들의 초청을 받아 회원들의 교리적 기초를 다져 주는 성경 교사로 처음 모임에 참석하였다. 그 모임의 사람들은 던을 크게 환영해주었지만, 현재 그의 역할은 리더들을 개발시키는 데에만 한정되어 있다. 오토바이족들 가운데 가장 강력한 전도자는 던과 같은 외부 사람이 아니라 바로 해방 운동가들. 즉 회심한 오토바이족들이기 때문이다. 그들은 오토바이족들의 문화에 젖어 있다가 예수님을 알게 된 사람들인데 그중 일부는 범죄에 연루되어 있기도 했고, 대부분은 과거에 약물 중독, 알콜 중독, 성 중독 등에 시달리던 사람들이었다. 또 그들은 지난날의 어두운 과거를 생각나게 하는 상처를 온몸에 가지고 있다. 아마도 어두운 밤길에서 마주치기 두렵고, 당신의 자녀가 데이트하지 않았으면 하고 바라는 그런 종류의 사람들이다. 그런데 이제 그들은 "악마는 지옥에나 가라!" 혹은 "예수님이 사탄보다 훨씬 세다!"라고 적힌 티셔츠를 입고 다닌다. 오토바이족들의 전도에 있어서 만큼은 해방 운동가들이 최고의 추수자들이다. 해방 교회가 더 많은 추수꾼을 달라고 구할 때, 그들은 교외에 사는 중산층 백인 남자 중에 오토바이족들이 다니는 술집에 전도하러 갈 만한 사람을 찾지 않는다. 해방 교회 성도들은 오토바이족 가운데서 더 많은 회심자들이 나와서 은혜를 받고 다시 그들이 속해 있던 공동체로 들어갈 수 있게 되기를 기도한다.

하키맘 자녀에게 하키를 시키고 헌신적으로 뒷바라지 하는 엄마들-역주이건, 발레리나건, 카레이서건 혹은 학교 동아리 회원이건 간에 최고의 추수꾼은 바로 그 추수 마당 가운데 있는 법이다. 국제적인 선교사들도 이 사실을 잘 알고 있다. 복음을 새로운 문화나 공동체에 전할 때 그들이 택하는 전략은 몇몇 지역 주민들을 전도한 다음, 그들로 하여금 그들의 마을과 공동체 혹은 그들이 속한 계층에 복음을 전파하도록 돕는 것이다. 일단 복음이 어느 공동체를 관통하게 되면, 외부의 영향력을 최소화시키게 된다. 추수된 자를 다시 추수꾼으로 만들 때 가장 급격한 복음의 진보가 이루어진다. 하나님의 부르심에 합당한 삶을 위해 먼저 당신 자신이 추수에 동참할 수 있게 해달라고 기도하라. 그리고 더 많은 추수꾼을 보내 주시도록 베란다에 앉아서 기도하는 것이 아니라 바로 추수 현장에서 기도하라.

••• **복음을 전할 더 많은 기회를 얻기 위해 기도하라**

문은 영적인 진리를 표현하기 위해 성경에서 자주 사용하는 이미지이다. 예수님은 말씀하셨다.

"볼지어다 내가 문 밖에 서서 두드리노니 누구든지 내 음성을 듣고 문을 열면 내가 들어가 그로 더불어 먹고 그는 나로 더불어 먹으리라"계 3:20.

바울이 골로새에 있는 성도들에게 편지를 쓸 때, 그는 복음을 전할 수 있는 기회를 더 많이 얻을 수 있게 해달라고 기도 요청을 하였는데, 그때 바울도 문의 이미지를 사용했다.

"또한 우리를 위하여 기도하되 하나님이 전도할 문을 우리에게 열어 주사 그리스도의 비밀을 말하게 하시기를 구하라 내가 이 일 때문에 매임을 당하였노라"골 4:3.

이와 같은 기도 제목에는 두 가지 의미가 담겨 있다. 첫째, 바울은 그의 친구들에게 더 자주 복음을 증거할 기회를 얻게 해달라고 기도했다. 둘째, 그는 그가 증거할 때 오직 예수님에게만 초점을 맞추도록 기도했다.

기회나 책임을 표현하기 위해 문의 이미지를 차용하는 것은 많은 문화권에 공통적인 현상이다. 도착하는 사람들을 위해 문을 열어 놓는 것은 손님을 더 반갑게 맞이할 기회를 얻기 위함이다. 또 떠나는 가족을 위해 집의 문을 열어 놓는 것은, 새롭게 주어진 책임을 감당하기 힘들면 언제든지 돌아와도 된다는 마음의 표현이다. 바울이 골로새 성도들에게 하나님이 복음을 위해 문을 열어주시도록 기도를 부탁했을 때, 바울은 두 가지 기도를 부탁했다. 첫째 복음을 전할 더 많은 기회를 얻게 되도록, 둘째 그러한 기회들에 대해 영적으로 깨어 있도록 기도를 부탁했다. 문의 비유를 들어 다시 설명하자면 바울은 복음을 전할 기회가 찾아올 때 그것을 잘 분별할 수 있도록 기도를 부탁한 것이다.

이러한 성경적인 기도 요청에 근거하면, 복음을 증거할 기회를 달라고 하나님께 간구하는 것은 매우 적절한 일이다. 당신은 또 그러한 기회가 찾아올 때 영적으로 깨어서 분별할 수 있도록 기도해야만 한다. 이와 같은 기회를 분별하지 못하는 일은 누구에게든지 일어날 수 있기 때문이다.

나는 야구 선수들을 위해 성경 공부를 인도한다. 또 내가 아직 복음을 전하지 못한 많은 선수들이 그리스도인이 되기를 기도한다. 나는 그들과 예수님에 대해 대화를 나눌 수 있는 기회가 생겨나기를 기도한다. 어느 날 성경 공부를 하는데, 누군가 문을 두드렸다. 문 쪽을 향해 느리게 걸어갔기 때문에 내가 문을 열기도 전에 그는 이미 복도 저 끝으로 지나가고 있었다. 그가 코너를 지나 사라지는 것을 보며 나는 '도대체 누굴까' 생각하며 다시 방으로 돌아왔다. 막 자리에 앉으려는 찰나에 또다시 누군가 문을 두드렸다.

문을 열자 한 선수가 보였다. 다름 아닌 그동안 복음을 전하기 위해 내가 기도해왔던 선수였다. "여기에서… 성경 공부하나요?"라는 그의 물음에 나는 "그렇소" 하고 대답했다.

몇 초간의 어색한 순간이 지난 후에 그는 "음… 그럼 혹시 좀 들어가도 될까요?" 하고 물었다. 그 순간 나는 두 가지를 깨달았다. 첫째는 하나님께서 내 기도에 응답하셨다는 사실과 둘째는 나의 영적 무지함이었다. 나는 지금까지 이 형제의 삶에 전도의 '문이 열리기를 위해' 기도해왔는데, 그가 말 그대로 문을 두드리고 성경 공부에 참석해도 되느냐고 물었을 때, '이 친구가 여기 도대체 왜 왔나?' 하고 생각했기 때문이다. 성경 공부가 끝난 후에도 그는 남아서 몇 가지 궁금한 것들에 대해 질문했고, 그 와중에 나는 복음을 소개할 기회를 갖게 되었다. 당신은 하나님께 복음을 전할 기회를 얻게 해달라고 기도해야 한다. 그러나 또한 그 문이 열렸을 때 알아차릴 수 있도록 영적으로 깨어 있게 해달라고 기도해야 한다. 때때로, 우리는 복음을 들을 준비가 되어 있는 사람이 신호를 보내거나 문을 두드리는데도 딴 일에 정신이 팔려 전혀 알아채지 못할 때가 있다.

누군가 마음이 열려 예수님에 대해 들을 준비가 되어 있다는 사실을 어떻게 알 수 있을까? 누군가가 죽거나, 건강에 문제가 발생하거나, 관계에 어려움이 생기거나 혹은 예상치 못한 일들이 생겨날 때, 그 일에 주목하는 것이 내게 도움이 되었다. 이와 같이 불행한 일들이 일어날 때, 사람들은 복음에 대해 마음의 문이 열리게 된다. 누구에게나 한번쯤은 일어나기 마련인 생의 사건들이 예수님에 대해 나눌 수 있는 기회의 문이 되는 것이다.

쉐릴은 우리 집 건너편에 사는 이웃이었다. 가끔씩 마주칠 때 인사를 하곤 하지만 친구라 부를 만큼 가까운 관계는 아니

었다. 그러던 어느 날 그녀의 남편이 직장에서 일어난 끔찍한 사고로 아내와 어린 쌍둥이를 남기고 세상을 떠나고 말았다. 우리는 음식을 준비해서 조문을 갔다. 그 뒤 우리는 친구가 되었고, 그녀와 그녀의 친척들을 위해 기도할 수 있는 기회를 갖게 되었다. 몇 달이 지나 쉐릴은 주님께 자신의 삶을 맡겼고, 우리 교회의 일원이 되었다. 슬프게도 모든 사람들은 죽는다. 그러나 그런 비극의 순간에 유가족들에게 진정한 애도와 사랑을 표현할 때 복음을 흘려보낼 수 있는 귀한 문이 열리기도 한다.

바울의 두 번째 기도 제목은 그가 복음을 전할 때 예수님께만 초점을 맞추는 것이다. 그는 그의 친구들에게 "그리스도의 비밀"에 대해 증거할 수 있게 해달라고 기도를 부탁했다. 다시 말해 예수님께만 초점을 맞출 수 있게 해달라는 것이었다. 그러니 당신도 복음을 증거할 때 예수님의 성품과 그분의 일하심을 가장 앞세울 수 있도록 기도해야 한다. 흔히 우리가 비그리스도인들을 만나 교제하다 보면 예수님과는 아무런 상관없는 곁길로 빠지기 쉽다. 그 사람의 죄악된 행위나, 복음과 직접 관련 없는 외적인 문제들, 혹은 심지어 교회 프로그램과 같이 긍정적인 주제들일지라도 복음 전파에 방해가 될 수 있다. 예수님에게만 집중하라! 다음 장에서, 예수님에게만 집중하는 것이 왜 어려운지 그리고 어떻게 하면 그 문제를 해결할 수 있는지를 발견하게 될 것이다. 세속 정치나, 교단간의 차이 혹은 타 종교의 부정적인 면만 쫓아 다니는 일이 없도록 영적인 자기 훈련을 하라. 전도할 때 항상 예수님께 최우선을 두라. 그리고 기회가 찾아오면, 문을 활짝 열고 상대를 맞은 후 그가 다른 존재들에 시선을 빼앗기지 않고 바로 예수님을 만날 수 있도록 도와주라.

••• 담대한 통찰력을 얻기 위해 기도하라

오늘날 복음을 전하는 일은 여러 면에서 도전이 된다. 초자연적인 영적 공격이 그 어느 때보다 더욱 강력하기 때문이다. 사람들은 이전보다 훨씬 더 다양한 종교를 갖게 되었다. 많은 사람들이 다양한 종교에 발을 담그고 거기서 얻은 신념들을 잘 배합하여 나름대로 매우 영적인 사람들이 되어 가고 있다. 바울도 우리와 비슷한 세상을 살았기에 에베소서를 썼다.

> "또 나를 위하여 구할 것은 내게 말씀을 주사 나로 입을 열어 복음의 비밀을 담대히 알리게 하옵소서 할 것이니 … 나로 이 일에 당연히 할 말을 담대히 하게 하려 하심이라" 엡 6:19-20.

이 기도 요청에는 바울의 두 가지 염려가 포함되어 있다. 먼저, 바울은 그가 입을 열어 증거할 때 무엇을 말할지 알게 해달라고 기도를 부탁했다. 둘째로, 그는 담대하게 말할 수 있도록 두 차례에 걸쳐 기도를 부탁했다.

당신은 이 세대 가운데 어떻게 복음을 전해야 할지 지혜를 구해야 한다. 과거에는 불신자가 던지는 기본적인 질문에 답하거나 혹은 그들이 기독교 교리를 반박할 때 잘 답변할 수 있도록 돕는 일에 전도 훈련의 초점이 맞추어져 있었다. 그와 같은 훈련의 장점도 있다. 그러나 종교 다원주의가 팽배한 오늘날 복음을 전하는 가운데 튀어나올 수 있는 다양한 반응에 효과적으로 대비하기는 정말 어렵고, 그 방법을 모두 배우기도 힘들다. 그러니 모든 상황 속에서 적절히 대답하려고 애쓰기보다 복음의 본질을 더 철저히 연구하고, 어떻게 하면 그것을 전도 대상자의 필요에 가장 적절하게 적용할 수 있을지 고민하는 것이 훨씬 낫다. 그리고 예수님에 대해 대화를 나누는 그 순간, 하나님께서 지혜롭게 대답할 수 있도록 도와주실 것을 의지하면 된다.

최근에 앤이 버스를 탔을 때, 어떤 젊은 여성이 그녀의 옆자리에 앉았다. 그녀는 머리부터 발끝까지 전부 검은색으로 치장하였는데, 여성적인 검은 드레스와 남성적인 검은 전투화가 희안하게 조화를 이루고 있었다. 그녀는 또 검게 염색한 머리를 뾰족하게 세우고 붉은 색으로 군데 군데 포인트를 주었다. 문신과 피어싱을 하도 많이 해서 그 수를 셀 수 없을 지경이었다. 앤은 낯선 사람과 대화를 많이 하지 않는 편이지만 언제 어디서나 상냥했다. 그래서 앤을 처음 알게 되는 사람도 마치 오래 알고 지낸 믿을 만한 친구처럼 그녀에게 마음을 터놓곤 했다. 오래되지 않아서 앤은 옆자리에 앉은 이 새로운 친구가 스스로를 동성애자이고, 유대인이며, 또한 마녀라고 여긴다는 사실을 알게 되었다. 앤은 그럼에도 불구하고 흔들림 없이 예수님에 대해 증거했다. 그녀의 영적이고도 개인적인 정체성의 혼란에 대해 언급하기보다 앤은 복음을 전하는 데 집중했고, 그녀가 간절히 필요로 하는 안전감과 용서, 긍정적인 자기 정체성을 어떻게 가질 수 있는지 알려주기 위해 힘썼다. 사실 스스로를 유대인이면서 동성애자, 마녀라고 생각하는 사람에게 복음을 전하도록 훈련하는 전도 프로그램이 세상에 얼마나 있겠는가? 가장 최고의 방법은 순간순간 무엇을 말해야 할지 지혜를 달라고 하나님께 기도하는 것이다.

당신은 복음을 전할 담력을 달라고 기도하되 특별히 대화 가운데 예수님을 소개할 수 있게 해달라고 기도해야만 한다. 예수님에 대해 이야기하는 것이 요즘 얼마나 뜨거운 논쟁거리가 되고 있는지 아는가? 예를 들어 TV에서 누군가 기도하는 장면이 나오면 심지어 그리스도인조차 기도를 마무리하며 "예수님의 이름으로 기도합니다"라고 하지 않는다. 몇 해 전에, 나는 지역 행사에서 대표 기도를 하도록 부탁받은 적이 있었다. 주의 사항이 단 한 가지 있었는데, 논쟁이 될 만한 표현을 피해 달라는 것이었다. 다시 말해 다른 신앙을 가진 사람에게 상처를 주지 않도록 예수님의 이름을 말하지 말고 가능하면 포괄적으로 기도해달라는 것이었다. 이와 같은 문화적 압력을 이기고 예수님에 대해 언급할 수 있으려면 큰 담력이 필요하다.

복음을 전할 때 담대함이 필요하다는 사실은 이제 우리 문화에서 더 이상 새로운 것이 아니다. 초대 교회 성도들은 "주여 이제도 저희의 위협함을 굽어보시옵고 또 종들로 하여금 담대히 하나님의 말씀을 전하게 하여 주시오며"행 4:29라고 기도했다. 이천 년 동안 크게 달라진 바가 없다. 하나님께 예수님의 이름을 말할 수 있는 담력을 달라고 기도하고, 또 사람들 사이에서 논쟁거리가 되는 일에 개의치 않고 예수님의 이름으로 기도할 수 있게 해달라고 기도하라.

••• 복음이 빠른 속도로 전파되도록 기도하라

더 많은 사람들이 당신이나 당신이 속한 교회의 전도 활동으로 구원받지 못하는 것을 볼 때 답답함이 느껴지지 않는가? 많은 이들이 그렇게 느낄 것이다. 그러다 보니 대부분의 지역에서 복음이 느리게 전파되는 것이 때로는 정상적인 것처럼 착각하게 될 때가 있다. 그러나 절대로 그렇지 않다! 바울은 데살로

니가 성도들과의 서신을 마무리하면서 이렇게 적었다.

"끝으로 형제들아 너희는 우리를 위하여 기도하기를 주의 말씀이 너희 가운데서와 같이 퍼져 나가 영광스럽게 되고"살후 3:1.

그는 복음이 신속하고, 영광스럽게 퍼져 나가기를 기원하였던 것이다. 우리도 우리 세대를 위해 똑같은 기도를 올려 드릴 수 있다. 그러나 번영 신학과 같이 잘못된 복음이 진정한 복음보다 더 빨리 퍼져 나가는 것 같아 매우 안타깝다. 복음이 영광스럽게 전파된다는 것은 이런 현상을 두고 한 말이 결코 아니었다. 진정한 복음이 전파되면, 예수님의 이름은 높여지고 진정한 제자도는 강조되어서 자기 희생적 섬김이 나타나게 된다. 더 신속한 복음의 전파가 어쩌면 불가능에 가까운 목표처럼 보일 수도 있다. 그러나 그것을 위해 기도하는 것이야말로 우리에게 주어진 특권이자 책임이다. 우리는 결코 적당한 수준에 만족할 수 없다.

아프리카 전역에 걸쳐 엄청난 복음의 진보가 일어나 파도가 밀려오듯 많은 사람들이 예수님께 나아오게 된 사건은 나의 장모님처럼 일평생 아프리카 복음화를 위해 열정적으로 기도해온 수많은 그리스도인들의 집중적 중보 기도의 결과라 할 수 있다. 동일한 현상은 뜨거운 새벽 기도로 불붙어 폭발적인 기독교 성장을 이룬 한국에서도 목격할 수 있다. 복음의 진보는 열정적인 기도와 밀접한 관련이 있다. 처음에는 더디 보여도 수많은 사람들에 의해 쌓여진 기도가 다음 세대에 응답되기 시작하면 점점 더 강력하게 복음의 진보가 나타나게 되는 것이다.

가족 중에 복음에 끝까지 저항하며 구원에 이르지 못하는 이가 있는가? 그렇다면 기도하라! 당신의 교회로 강물처럼 회심자들이 몰려들게 되기를 원하는가? 그렇다면 기도하라! 이 나라 전역이 부흥의 물결로 뒤덮이기를 원하는가? 그렇다면 기도하라! 이러한 일들이 불가능해 보일지라도 기억하라. "너희가 얻지 못함은 구하지 아니하기 때문이요"약 4:2, "하나님으로서는 다 하실 수 있느니라"마 19:26는 말씀을. 복음의 신속한 전파가 불가능해 보이는가? 그렇지 않다. 어쩌면 하나님은 당신의 기도가 당신의 가족과 교회, 그리고 각 공동체와 나라 전역에 걸쳐 추수의 새 바람을 일으키기를 기다리고 계실지 모른다. 모든 이들의 구원을 위해 기도하라.

국가와 지역 사회에 속한 사람들이 구원받을 수 있도록 간구하는 것은 성경적인 일이다. 개인과 집단이 구원받기를 위해 간구하는 것은 바울이 행했던 바와 일치한다. 그는 기도 가운데 이렇게 외쳤다.

"형제들아 내 마음에 원하는 바와 하나님께 구하는 바는 이스라엘을 위함이니 곧 그들로 구원을 받게 함이라"롬 10:1.

그는 하나님이 자신을 이방인의 구원을 위해 부르셨다는 것을 알고 있었지만 여전히 자기 백성 이스라엘이 예수님을 따르게 되기를 원했다. 그래서 그는 이스라엘이 예수님께 나아오게 되기를 기도했다. 이와 같이 바울의 삶에서 우리는 여러 가지 적용점을 발견하게 된다.

첫째, 국가와 지역 사회, 그리고 공동체의 각 사람들이 구원받을 수 있도록 기도하라. 지난 20년 동안 강조되어 온 세계 선교 전략 가운데 중요한 한 가지는 특정한 그룹의 사람들이 복음에 반응할 수 있도록 기도하는 것이었다. 작은 소그룹의 사람들이나 혹은 교회가 이런 프로젝트에 참여하게 되면, 그들은 특정 문화권으로 들어가는 선교사들보다 앞서 그 길을 닦게 되거나 혹은 그들과 동시에 사역에 참여하는 결과를 얻게 된다.

둘째, 더 나아가 지역 사회와 공동체에 속한 사람들의 주변 사람들이 구원받기를 위해 기도하라. 구원받아야 할 그들의 친구들과 가족 구성원의 명단을 작성해서 기도하라. 그들의 회심을 위해 이름을 부르며 기도하는 것은 마치 전장에서 육탄전을 벌이는 것과 같다. 한 사람 한 사람 이름을 불러가며 기도할 때 당신은 그들을 결박하고 또 혼란스럽게 함으로써 복음에 반응하지 못하도록 제한하는 세력들에 대항하여 싸우게 되는 것이다.

바울은 그 싸움을 이렇게 묘사했다.

"우리가 육신으로 행하나 육신에 따라 싸우지 아니하노니 우리의 싸우는 무기는 육신에 속한 것이 아니요 오직 어떤 견고한 진도 무너뜨리는 하나님의 능력이라 모든 이론을 무너뜨리며 하나님 아는 것을 대적하여 높아진 것을 다 무너뜨리고 모든 생각을 사로잡아 그리스도에게 복종하게 하니"고후 10:3-5.

각 사람들의 구원을 위하여 점점 더 깊이 기도할 수 있는 방법은 그들의 명단을 만들어서 정기적으로 기도하는 것이다. 현재 나의 기도 리스트에 있는 대부분의 사람들은 야구 경기를 통해 만난 사람들이다. 그들을 향한 나의 기도는, 물론 그들의 영혼이 복음을 향해 더욱 활짝 열리게 하는 역할을 하지만, 그들에게 계속해서 복음을 전할 기회를 찾도록 나 스스로를 채찍질하는 데 중요한 역할을 한다. 잃어버린 영혼들을 위해 기도하는 것은 당신으로 하여금 그들의 필요에 대해 민감하게 반응하도록 만들고, 그들의 영원한 운명에 대해 영적 부담감을 증대시켜서, 결국 그들에게 예수님을 전하도록 끊임없이 동기를 부여해준다. 당신이 지속적으로 기도하는 사람에 대해 냉담한 태도를 갖는다는 것은 거의 불가능한 일이기 때문이다.

한 남자가 부도덕한 행동과 악행을 일삼으며 결혼 생활을 파국으로 몰아가고 있었다. 그는 하나님을 부인할 뿐 아니라 그가 내린 잘못된 선택들과 그 결과에 대해 대화를 나누려는 그 어떤 시도에도 반응하지 않았다. 그래서 우리 중 몇 사람이 그를 위해 열심히 기도하기 시작했다. 우리는 그를 아는 사람들 중에 누군가가 나서서 그에게 지혜롭게 복음을 전하게 되길, 그의 파괴적인 행동에 대해 담대히 맞서게 되길, 그래서 그가 구원받게 되길 기도했다. 몇 달이 흐른 뒤, 그는 그리스도인 친구에게 전화를 해서 거의 세 시간에 걸쳐 대화를 나눈 후 마침내 예수님을 구세주로 고백하게 되었다.

그 변화는 너무나 즉각적이고 극적이었다. 그는 성경 공부광이 되었고, 성경에서 배운 대로 살려면 어떻게 해야 하는지 수백 가지 질문을 던지기 시작했다. 그는 또 자기의 깨어진 결혼 생활을 회복하기 위해 초인적인 노력을 했으며, 악한 생활 방식과 습관도 곧 버렸다. 그에게 일어난 일들을 그냥 단순한 변화라고 하기에는 부족하다. 그것은 기적과도 같은 일이었다. 우리 중 몇 사람이 기도하기로 결단했을 때, 하나님께서는 그의 삶에 간섭하셨고, 그로 인해 그의 인생은 변화되었다. 이처럼 하나님의 뜻에 맞게 올려 드리는 당신의 기도는 하나님의 능력에 접속되어 사람들의 삶을 변화시킨다.

••• 구체적인 기도 목록과 실천 방법

이 장에 소개된 다섯 가지 성경의 메시지(마 9:35-38 ; 골 4:3 ; 엡 6:19-20 ; 살후 3:1 ; 롬 10:1)는 당신의 선교적 효율성을 극대화하는 전략적이고 구체적인 기도 제목을 알려 준다. 이 기도 제목들은 성경에서 바로 뽑은 것이기 때문에 이것이 하나님의 뜻에 따른 기도임을 확신해도 좋다. 하나님의 응답하심을 기대하며 다음 기도 제목들을 가지고 담대히 기도해보자.

- 믿음을 전파하는 일에 더욱 열심을 내게 해달라고 기도하라.
- 모두 함께 이 영혼의 추수에 적극 동참하게 되기를 기도하라.
- 복음을 증거할 수 있는 더 좋은 기회를 달라고 기도하라.
- 계속해서 예수님께 초점을 맞추어 복음을 증거할 수 있도록 기도하라.
- 어떤 상황에서도 효과적으로 전도할 수 있는 지혜를 달라고 기도하라.
- 예수님에 대해 담대하게 말할 수 있도록 기도하라.
- 복음이 보다 신속하게 전파되도록 기도하라.
- 특정한 개인과 그룹에 속한 사람들이 구원받을 수 있도록 기도하라.

어떻게 하면 이러한 기도 제목에 맞게 당신의 기도 생활을 바꾸어 갈 수 있을까? 다음의 두 가지 방법이 도움이 될 것이다. 첫 번째 이러한 기도 제목들을 기도 노트 혹은 기도 카드의 뒷면에 적어 놓는 것이다. 그래서 기도할 때마다 이 목록을 각 개인의 상황에 맞게 적용하여 기도하면 된다. 정확한 단어를 사용해 기도하는 것에 너무 집착하지 말라. 이 기도 제목은 주문이나 마법의 공식이 아니다. 단지 당신의 기도를 더욱 하나님의 뜻에 맞는 방향으로 바꾸어 가는 데 매우 중요한 지침일 뿐이다. 기도 제목을 그대로 사용하거나 미리 적어 놓은 기도 제목을 가지고 기도하는 것, 혹은 심지어 눈을 뜬 채로 기도 제목을 읽어 가면서 기도하는 것을 이상하게 생각할 필요는 없다.

잭이라고 불리는 친구의 구원을 위해 기도한다고 가정해보자. 당신은 다음과 같이 기도할 수 있다.

"하늘에 계신 아버지, 제가 잭을 전도할 수 있도록, 그리고 그를 아는 다른 그리스도인들이 그에게 예수님에 대해 소개할 수 있도록 도와주옵소서. 부디 전도할 수 있는 기회의 문을 열어 주시고, 우리가 이야기 나눌 때 오로지 예수님에게만 초점을 맞출 수 있도록 도와주옵소서. 때로는 저도 두렵습니다. 그러니 좀 더 용기를 낼 수 있게 해주옵소서. 마지막으로 주님, 잭을 구원하여 주시되, 그 구원의 날이 속히 오게 하여 주옵소서."

이러한 기도는 성경적인 가르침에 기초를 둔 철저히 하나님의 뜻을 반영한 기도이다. 자신감을 가지고 이와 같이 기도하라.

당신의 기도를 더욱 잘 다듬어 갈 수 있는 두 번째 방법은 이 장에 소개된 다섯 가지 성경 말씀을 암송하는 것이다. 요한일서 5장 14-15절을 추가로 암송할 수도 있다.

"그를 향하여 우리가 가진 바 담대함이 이것이니 그의 뜻대로 무엇을 구하면 들으심이라 우리가 무엇이든지 구하는 바를 들으시는 줄을 안즉 우리가 그에게 구한 그것을 얻은 줄을 또한 아느니라."

하나님은 그분의 뜻을 따라 올려 드리는 기도에 응답하신다. 이러한 성경 본문들을 암송함으로써 당신은 기도에 관한 놀라운 진리를 깨달을 수 있다. 또 이 말씀들은 당신의 사고방식과 기도하는 방식을 바꿔 줄 것이다. 또한 언제라도 꺼내 볼 수 있도록 말씀을 적어 몸에 지니고 다녀도 좋다. 비록 당신이 늘 기도하는 장소에 있지 않다 하더라도, 당신은 조만간 이렇게 암송한 기도의 모델을 따라 늘 기도하고 있는 자신을 발견하게 될 것이다. 어쨌든 중요한 것은 기도하는 것이다!

어느 날 해병대에 근무하는 한 군인과 그의 친구의 마음속에 부대 동료들에 대한 영적 부담감이 생겼다. 그래서 그들은 몇 차례 복음을 전하려고 시도했지만 그때마다 거절을 당하거나 비웃음을 당했고, 심지어 심한 논쟁에 휩싸이기도 했다. 나중에 그들은 복음을 전하려고 노력하기보다 적어도 원하는 사람 몇 명이라도 함께 교회에 데려가는 것으로 전략을 바꾸었다. 그들은 사람들을 초대하고, 광고지를 붙였다. 동료들이 교회에 나올 수 있는 자유 시간을 얻을 수 있도록 그들의 일을 대신하며 4개월 동안 노력했지만 모두 허사로 돌아갔다. 결국 그들은 모든 것을 포기하고 광고지를 떼어 버렸다. 그러고는 그저 그들을 위해 기도하기로 마음을 바꾸었다. 그런데 한 달 뒤, 그들은 교회에 가기 원하는 사람들을 다 실어 나르기 위해 차량을 두 대나 빌려야 했다. 다른 모든 시도들은 다 수포로 돌아갔지만, 기도만이 엄청난 위력을 발휘하였던 것이다.

복음이 더욱 널리 퍼져 갈 수 있도록 기도하라. 이 장에 소개된 기도에 대한 탁월한 지침을 좇아 전략적이고도 구체적으로 기도하라. 기도는 지상명령의 완수를 앞당기는 데 핵심적인 기초를 제공한다. 하지만 이 기초를 놓은 위에 무엇을 세울 것인가? 하나님의 나라를 확장시키는 데 쓰이는 건축 자재는 바로 복음이다. 당신이 나누는 말씀이 기독교에 적대적인 사람을 주의 제자로 변화시키는 과정에서 정말 중요하게 쓰일 것이다. 우리는 이 장에서 성경에 근거하면서 선교적 효율성을 극대화 할 수 있는 기도 제목을 살펴보았다.

　복음을 증거할 때 언제나 예수님께 초점을 맞추라. 복음은 예수님께 모든 초점이 맞추어져 있다. 이 복음의 메시지는 우리로 하여금 선교적 삶을 살아가는 원동력이 된다. 그러므로 이 복음의 메시지를 잘 연마하는 일에 혼신의 힘을 기울이도록 하자.

3장
선교사처럼 복음을 연구하라

유명 인사들은 인터뷰를 하거나 연설을 할 때 일관성을 유지하려고 애쓴다. 일관성 있게 말한다는 것은 장소가 어디건, 질문의 내용이 무엇이건 상관없이 전달되는 정보가 왜곡되거나 희석되지 않도록 최대한 노력한다는 뜻이다. 또한 대중적인 연설가가 일관성 있게 말할 줄 안다는 것은 그들이 무슨 질문을 받든지 언제나 그것을 핵심 메시지로 연결 지을 줄 안다는 것을 의미한다.

미디어 전문가들은 그들의 고객들이 이렇게 중요한 기술을 확실히 마스터할 수 있도록 돕는 대가로 막대한 수입을 챙긴다. 그러나 유감스럽게도 이러한 기술은 종종 유명 인사들이 공공 분야에서 특정한 정보나 상황을 조작해 자신의 주장을 관철시키는 데 악용되기도 한다.

그리스도인들도 유명 인사들처럼 일관되게 메시지를 전할 줄 알아야 한다. 다만 분명한 차이점은 우리의 마음에는 그 어떤 이중성이나 이기심이 자리할 틈이 없다는 사실이다. 복음의 메시지가 늘 순전한 마음을 잃지 않도록 지켜 주기 때문이다.

선교적 메시지란 무엇인가? 그것은 바로 복음이다! 선교사들이 자기를 희생하면서까지 전하고자 하는 것은 그저 진부한 영적 이야기가 아니다. 예수님에 대한 좋은 소식이야말로 그와 같은 희생에 합당한 유일한 메시지이다. 선교사처럼 사는 방식을 체득해가는 동안, 당신은 전도하고자 하는 사람들에게 복음을 더 자주, 그리고 더 효과적으로 전달하지 않으면 결코 만족하지 못하게 될 것이다. 당신은 우리가 가진 사명의 영원한 가치를 축소하거나 희석시키지 않고, 또 기독교의 핵심 메시지에 대해 타협하지 않으면서 언제나 일관성 있게 복음을 전하는 법을 스스로 훈련하게 될 것이다.

당신이 부지런히 섬기고, 돌보며 또 여러 사역을 한다 할지라도 복음을 옳게 전하지 않는다면, 당신의 섬김은 사회 봉사 활동을 하는 사람들의 노력과 별반 다를 바 없을 것이다. 물론 당신의 동기는 순수하고, 방법도 건전해서 사람들에게 꽤 많은 도움을 줄 수도 있다. 그러나 만약 복음이 옳게 전달되지 않는다면 당신의 수고는, 사람들의 삶을 변화시키기는커녕 영원한 삶에 이르지 못하는 그저 찰나적인 노력에 불과하게 될 것이다. 복음은 선교적 삶을 살아가는 그리스도인에게 핵심적인 메시지이다. 그것을 잘 전달하는 것은 우리의 책임이자 특권이다.

좋은 의도를 가지고 있는 그리스도인들이 제공하는 좋은 정보와 메시지들이 때로는 복음의 메시지와 경쟁하거나 심지어는 복음을 대체하게 되는 일이 벌어지기도 한다. 예를 들어, 어떤 그리스도인들은 복음의 효과, 다시 말해 마음의 평안과 분별력 또한 원만한 인간관계 등에 집중하며 그것을 핵심 메시지로 삼는다. 그들은 "예수님께서 당신이 더 나은 삶을 살 수 있도록 도와주실 겁니다. 그저 구하기만 하세요!"라고 말한다. 또 다른 일반적인 오류는 복음을 제시하는 대신 "교회에 한번 나오세요" 혹은 "성경 공부 한번 해보실래요?" 하면서 여러 가지 종교 활동에 참여를 권하는 것이다.

친구를 교회에 초청하거나 성경 공부 모임에 초대하는 것도 물론 긍정적인 시도일 수 있지만 그것이 복음 증거와 대체될 수는 없다. 식상한 표현을 사용하거나 반쪽짜리 복음만 전하는 것도 일상적으로 저지르기 쉬운 잘못 중 하나이다. "하나님은 당신을 사랑하십니다" 혹은 "당신의 마음을 예수님께 드리세요" 같은 표현도 맞는 말이긴 하지만, 불신자가 그런 진리의 토막을 이해하고, 나머지 이야기들을 모두 알아서 짜맞출 것이라는 짐작은 지혜롭지 못하다. 대부분의 사람들이 성경에 대해 무지한 오늘날의 세태를 감안할 때 그러한 생각은 불가능에 가깝기 때문이다.

일관성 있게 메시지를 전한다는 것은 당신이 복음을 이해하고, 그것을 적절한 방법으로 분명하게, 그리고 시의적절하게 전달할 수 있다는 것을 의미한다. 그것은 또한 그저 일반적이고 다양한 영성에 대한 이론과 복음의 메시지를 동일시하지 않는 것을 의미한다. 당신이 선교적 그리스도인으로서 일관되게 복음의 메시지를 전달하는 데 도움이 될 만한 몇 가지 질문과 그에 따른 대답을 살펴보자.

··· 복음이란 무엇인가?

복음은 헬라어로 '좋은 소식'이다. 그리스도 예수 안에서 발견되는 기쁜 소식이다. 수세기 동안 수많은 교회와 공의회 혹은 교단에 의해 받아들여진 신조와 고백들이 복음을 잘 요약해준다. 가장 최근의 예로 남침례교단의 "2000년 침례교 신앙과 메시지" 중 구원에 대해 설명하는 제4조를 보자.

"구원은 한 인간의 총체적인 구속을 포함하며, 자신의 피로 모든 사람들을 위한 영원한 구속을 성취하신 예수 그리스도를 구세주로 받아들이는 모든 이들에게 값없이 주어지는 것이다.

가장 넓은 의미에서 구원은 거듭남과 칭의, 성화, 그리고 영화를 모두 포함한다. 예수 그리스도에 대한 개인적인 믿음 없이 구원이란 없다."

A. 거듭남 혹은 중생은 성도로 하여금 그리스도 예수 안에서 새로운 피조물로 다시 태어나게 하는 하나님의 은혜다. 이것은 성령에 의해 얻게 되는 죄의 확신을 통해 마음에 나타나는 변화인데 이때 죄인은 하나님 앞에 회개로 반응하게 되고, 구주 예수님을 믿는 믿음으로 나아가게 된다.

회개란 죄로부터 떠나 하나님을 향해 진정으로 돌아섬을 말한다. 믿음이란 예수 그리스도를 받아들이고 그분을 구세주로 모시며 나의 전인격을 헌신하는 것이다.

B. 칭의란 회개하고 예수님을 믿는 모든 죄인들에 대해 하나님께서 자신이 가진 의의 기준에 반하여 내리시는 완전한 무죄 선고이다. 칭의는 믿는 자가 하나님과 평화의 관계를 맺을 수 있도록 특별한 호의를 입게 한다.

C. 성화는 믿는 자가 하나님의 목적을 위해 구별되고 거듭남으로 시작된다. 이어서 성도는 그 안에 거하시는 성령님의 임재와 능력을 힘입어서 더욱 윤리적이고 영적인 성숙함에 이

르는 새로운 경험을 하게 되는데, 이를 성화라 한다. 거듭난 자는 은혜 가운데 인생 전반에 걸쳐 성장하고 성화되어야 한다.

D. 영화는 구원의 완성 단계이며 거듭난 자가 마지막까지 누리는 축복되고 영속적인 상태이다.

구원을 설명하는 정말 긴 내용이다. 그렇지만 이 길이 때문에 놀라거나 겁먹을 필요는 없다. 복음을 전한다는 것은 비그리스도인에게 이와 같은 문장을 모두 외워서 그대로 전달하는 것이 아니기 때문이다. 이것은 단지 한 영혼의 새로운 탄생에서 영원까지 미치는 복음의 효력과 구원에 대해 요약한 종합적인 선언이다. 어쩌면 비그리스도인들이 복음을 옳게 이해하는 데 여기에 쓰인 전문적인 용어들이 방해가 될지도 모르겠다. 이 문장들을 문자 그대로 외워 전달하는 것은 중요하지 않다. 단지 복음을 전할 때 이 문장들의 핵심을 전달하는 것이 매우 중요하다. 또한 전체 내용을 전달하지 못한다고 할지라도 이 중 어느 부분이라도 서로 상반되게 혹은 축소하여 전달하는 일이 없도록 주의해야 한다.

번뜩이는 신학적 영감을 살리면서도, 일상의 언어로 복음을 표현하면 아마도 다음과 같을 것이다.

"하나님은 당신을 너무나 사랑하셔서 당신이 이 세상에서 최고의 삶을 살게 되기를 간절히 바라신다. 그런데 '죄'라고 불리는 것이 당신 앞을 가로막고 있다. '당신은 죄인입니다'라는 말이 '당신은 언제나 최악의 선택을 한다'는 의미는 아니다. 그것은 단지 당신이 아무리 애를 써도 하나님의 기준에 도저히 미치지 못함을 말한다. 아무리 노력한다 해도 당신은 자신만을 위해 살 것이고, 그런 삶으로는 하나님을 절대로 기쁘게 할 수 없다. 당신에게는 용서가 필요하다. 그것은 누군가가 당신이 지은 죄에 대해 대가를 지불해줄 때에만 가능한 것이다. 기쁜 소식은 예수님이 바로 그 일을 위해 당신 대신 십자가에서 돌아가셨다는 사실이다. 그분은 돌아가셨다. 그러나 사흘 후에 죽음에서 부활하셨다. 그렇게 그는 자신이 죄나 그 죄의 결과인 죽음보다 훨씬 더 강력한 존재임을 나타내셨다. 예수님은 인류 역사상 죽었다가 부활하셔서 다시는 죽지 않은 유일한 분이시다.

이제 당신은 예수님에 대해 결정을 내려야 한다. 당신이 만약 자신만을 위한 이기적인 삶과 죄로부터 돌이킨다면, 그분은 당신을 용서하실 것이고, 당신에게 완전히 새로운 삶을 허락하실 것이다. 당신이 결정할 것은 매우 간단하다. 당신을 죄로부터 구해주신 구세주로 예수님을 신뢰하며, 그분을 삶의 주인으로 모시고 온전히 복종하는 것이다. 일단 당신이 이러한 결단을 내리게 되면 당신은 그 즉시 내면으로부터 놀라운 변화를 체험하게 될 것이다. 그리고 시간이 흘러 예수님의 명령에 복종하며 그를 따르는 삶을 산다면 당신의 모든 운명은 조금씩 변화되게 될 것이다. 이 모든 것 가운데 가장 최고의 선물은 언젠가 당신이 예수님과 하나님, 그리고 예수님을 따랐던 다른 모든 사람들과 함께 영원토록 천국에 거하게 된다는 사실이다."

앞서 소개한 신학적인 내용처럼, 이 짧은 복음의 요약문도 모두 암기해 전달하라는 것은 아니다. 이 예문은 종교적인 용어와 틀에 박힌 표현을 사용하지 않으면서 어떻게 하면 복음을 쉬운 언어로 표현할 수 있을지에 대해 예를 든 것이다. 대화 상대에 따라 그가 더 잘 이해할 수 있도록 표현을 바꿀 수도 있다. 당신은 심오한 진리를 사람들이 쉽게 이해할 수 있도록 통역하는 사람이다. 분명한 목적은 복음의 진정한 의미에 대해 타협하지 않으면서 그 내용을 분명하게 전달하는 것이다.

• • • **복음의 핵심**

특별한 주제를 위해 복음의 특정한 면만을 따로 살펴보는 것은 위험의 소지가 있다. 그러나 각 세대가 당면한 과제에 효과적으로 대응하여 복음을 전달하기 위해서는 특별히 강조할 메시지가 있다. 오늘날 대부분의 문화권에서, 다음 네 가지 주제는 복음 전파에 대단히 중요한 사실이기에 복음을 증거할 때 특별한 주의를 요한다.

- **예수님만이 구원에 이르는 길이다**

가장 큰 논란의 주제는 예수님만이 구원에 이르는 유일한 길이라는 사실이다. 신약 성경에 묘사된 역사 속의 예수님이야말로 복음의 메시지에 가장 핵심적인 인물이다. 예수님은 그저 교사나 선지자, 윤리적인 모델 혹은 이상적인 인간에 비할 분이 아니시다. 그분은 십자가에 못 박히시고, 부활하셔서, 승천하신 하나님의 아들이시다. 예수님을 떠나서 구원이란 불가능하다.

- **구원은 받아들이는 것이지, 성취하는 것이 아니다**

구원은 죄를 회개하고 예수님을 믿기로 결정한 모든 사람에게 제공된다. 구원을 받을 만한 자격 조건은 회개와 믿음이다. 하나님의 은혜로 어떤 사람이 죄를 회개하고 예수님을 믿기 시작하면 그 결과 구원이 따라오게 된다. 제아무리 종교적으로 헌신되어 있고, 영적으로 충만한 사람이라 할지라도 그의 인간적인 노력은 그가 구원을 얻는 데 아무런 보탬이 되지 않는다.

• **구원의 문은 모든 사람에게 열려 있다**

구원의 문은 그 사람이 어떤 문화나, 언어, 종족, 민족적인 배경을 가지고 있는지 상관없이 열려 있다. 누구든지 자신의 죄를 회개하고 예수님을 믿는다면 구원을 얻게 될 것이다. 우리는 어떤 사람이 구원을 얻게 될지 알지 못하지만 그러기에 더욱 복음을 전해야 한다.

• **구원은 믿는 자의 생애 전체에 영향을 미친다**

복음은 거듭남과 칭의로부터 시작해, 계속 변화하고 성장하며 성화를 이끌어 내고 마침내는 궁극적인 변화, 즉 영화에 이르기까지 성도의 삶을 총체적으로 변화시킨다. 복음을 전할 때 그 복음이 초래하고 요구하는 생활 방식의 변화를 결코 축소해서는 안 된다. 무엇이든 빠뜨리고 전한 복음은 왜곡되기 마련이고, 그 복음을 받아들이는 사람에게 해로운 영향을 미친다.

선교적 그리스도인들은 복음을 전한다. 하지만 오늘날 복음을 전하는 일은 매우 도전적인 일이 되어버렸다. 그러나 전혀 새로울 것이 없다. 초대 교회에서부터 복음의 순수성은 늘 위협받아 왔으니까. 그러한 위협은 1세대 그리스도인이 생존해 있을 때부터 존재했다.

••• 초대 교회 때부터 시작된 투쟁

많은 학자들은 갈라디아서가 바울이 어떤 특정한 교회 혹은 여러 교회에 보낸 첫 번째 편지라고 믿는다. 만약 주후 50년대에 쓰인 것이라고 가정한다면, 주님이 부활하신지 25년 정도 후에 기록되었다고 볼 수 있다. 그렇다면 이때는 예수님의 지상 사역을 직접 목격한 성도들이 아직 생존해 있을 시기이다. 예수님을 개인적으로 체험했던 초대 교회 성도들은 진정한 복음의 진리를 꼭 붙잡기 위해서 힘겹게 투쟁해야만 했다. 바울은 갈라디아 교인들을 위해 이와 같이 복음을 정의했다.

"우리 하나님 아버지와 주 예수 그리스도로부터 은혜와 평강이 있기를 원하노라 그리스도께서 하나님 곧 우리 아버지의 뜻을 따라 이 악한 세대에서 우리를 건지시려고 우리 죄를 대속하기 위하여 자기 몸을 주셨으니 영광이 저에게 세세토록 있을지어다 아멘"갈 1:3-5.

이 말씀은 복음에 대한 강력하고 원대한 찬양이고, 진심어린 '아멘'이라는 동의로 끝맺고 있다. 그러나 그 '아멘'이 아직도 메아리치고 있을 그때에 이어 들려오는 다음의 놀라운 진술을 들어 보자.

"그리스도의 은혜로 너희를 부르신 이를 이같이 속히 떠나 다른 복음을 따르는 것을 내가 이상하게 여기노라"갈 1:6.

다른 복음이라니! 벌써? 예수님께서 승천하신 지 이제 겨우 한 세대가 지났다. 놀랍게도 그것은 사실이었다. 당시 복음의 왜곡은 하나님과의 언약 갱신의 일환으로 유대인들이 베풀었던 할례와 관련이 있었고, 그 행위와 구원을 연결시키는 문제와도 관련이 있었다갈 5:7-12 ; 행 15장. 이런 문제들과 관련한 교회의 투쟁사는 경이로운 것이지만 이 책에서 자세히 나열하기는 힘들다. 단지 그 위기가 신학적인 통일성을 유지하고, 교회의 실질적인 연합을 지키는 방향으로 효과적으로 극복되었다고만 일단 말해두겠다.

초대 교회 당시 복음을 둘러싸고 벌어진 혼란을 예로 든 목적은 당시의 어떤 특정한 상황을 분석하려는 것이 아니라 복음의 순수성을 유지하기 위해 길고도 끈질긴 투쟁이 있었음을 상기시키려는 것이다. 그 전투는 예수님의 부활 직후 시작해서, 오늘날 우리 세대까지 이어진다. 아마도 예수님께서 다시 오실 때까지 결코 끝나지 않을 것이다. 신학적인 면과 개인적인 면에서 복음에 대한 신실함을 끝까지 지켜야 하는데 전자를 지키는 것이 후자를 지키는 것보다 훨씬 더 어렵다고 사람들은 말한다. 그러나 대부분의 선교적 그리스도인들은 정반대의 현상을 경험한다. 용맹스럽게 교리적 확신을 지키지만, 그 진리를 믿기 때문에 생겨나는 많은 관계의 문제 앞에서는 힘들어 하기 때문이다.

••• 때때로 큰 도전을 주는 신학적 문제

복음에 대한 신학적인 도전은 교회의 안팎에서 생겨난다. 앞서 언급한 바와 같이 1세기 당시의 문제는 할례와 복음의 관계에 관한 것이었다. 이것은 어쩌면 불가사의한 문제인 것처럼 보이지만 수세기에 걸쳐 유대교 전통을 잘 알고 있던 초대 교회 성도들에게는 매우 중대한 문제였다. 오늘날 교회는 이와는 다른 종류의 도전에 직면하고 있다. 포스트모더니즘과 상대주의를 비롯하여 종교 다원주의 같은 문제들이 외부로부터 그리스도인들을 압박하고 있기 때문이다. 교회 안에서 우리는 자유주의 신학과 함께 교회의 일치라는 명목 하에 거세게 일어나는 혼합주의의 도전을 경험한다. 전체적으로 볼 때 이 모든 것은 권위에 대한 혐오에서 비롯된 것이며 절대적 진리에 대한 반항이라고도 볼 수 있다.

선교적 삶을 살아가는 사람으로서, 당신은 복음을 훼방하는 신학과 철학으로 가득 찬 바다 위를 떠다니고 있다. 그래서 때때로 자신을 복음의 주류로부터 멀리 떠나가게 만드는 해류가 있지는 않은지 돌아보아야 한다.

바울은 그의 시대에 있었던 신학적인 오류 세 가지에 대해 경고했는데, 그것은 우리 시대에도 여전히 적용된다. 지금부터 정통적인 복음으로부터 떠나 방황하게 만드는, 그리고 비그리스도인들도 정통 신앙으로 착각하게 만드는 오류의 근원을 철저히 파헤쳐 보자.

복음을 훼방하는 첫 번째 요소는 우리를 진리에서 떠나 표류하게 만드는 익명의 전문가들이다. 바울은 "다른 복음은 없나니 다만 어떤 사람들이 너희를 교란하여 그리스도의 복음을 변하게 하려 함이라"갈 1:7고 하였다. 오늘날 바로 그 "어떤 사람들"은 이름도, 얼굴도 드러내지 않으면서 모든 것을 아는 척하는 익명의 전문가가 되어 자신의 종교적 견해를 마구 퍼부어 댄다. 그들은 블로그에 지저분한 글들을 남기거나 "모든 종교는 다 우리를 신에게로 이끈다", "신은 스스로 돕는 자를 돕는다"라고 쉽게 얘기한다. 이 모든 진술들은 복음과 대치하는 세상의 문화를 반영할 뿐이다. 이것들은 건강한 신학적, 철학적 근거 없이 많은 이들에게 진리로 받아들여지고 있다. 누군가 내게 이렇게 말하면, 나는 바로 "도대체 당신은 무슨 근거로 그런 말을 하지요?"라고 묻는다. 그러면 대부분은 비슷한 대답이 돌아온다. "그게 맞는 것 같으니까요", "라디오에서 들었어요", "인터넷에서 읽었어요", "언젠가 설교자가 이야기하는 것을 들었어요" 등 무책임한 근거를 든다. 이런 반응의 문제점은 그것이 아주 그럴싸하게 들린다는 것이다. 이름도 알 수 없는 전문가에 의해 당신의 복음에 대한 확신이 희석되지 않도록 주의해야만 한다.

복음을 훼방하는 두 번째 요소는 인정하기가 더욱 어렵다. 바울은 "그러나 우리나 혹은 하늘로부터 온 천사라도 우리가 너희에게 전한 복음 외에 다른 복음을 전하면 저주를 받을지어다" 갈 1:8라고 말하며 경고한다. "우리"라고 하면서 바울 자신을 포함한 것은 기독교 지도자들도 문제가 될 수 있음을 암시한다. 일부 기독교 지도자들이 복음을 왜곡시키기 때문이다. 각종 미디어가 판치는 요즘 같은 세상에 신학적인 전문 지식으로 잘 포장해서 정확한 진리가 아닌 인기 있는 내용으로 사람들을 혼란에 빠지게 하는 것은 그다지 어려운 일이 아니다.

선교적 그리스도인으로서 당신은 복음의 메시지를 자기 입맛에 맞게 변형시키는 사람들과 어울리지 말아야 한다. 오히려 변하지 않는 복음을 이 세대에 맞게 전혀 새롭게 소통하는 길을 개척하는 사람들로부터 배워야 한다. 비슷해 보이지만 두 유형의 사람들 사이에는 분명한 차이점이 있다. 정확한 복음을 전파하기 위해 새로운 방법들을 시도하고 있는 기독교 지도자들은 본받아 마땅하다. 우리는 모두 복음에 도전하는 이 시대의 영적인 공격들에 잘 맞서 싸우기 위해 새로운 사고가 필요하다. 그러나 주의하라! 그가 유명하든 그렇지 않든 간에 '다른' 복음을 전하고자 애쓴다면, 그에 단호히 맞서 싸워야 할 것이다. 모든 선교적 그리스도인들은 전하는 자가 얼마나 유명한 자인지 상관없이 오류를 잘 지적해낼 수 있도록 복음에 대해 잘 알고 있어야 한다.

복음을 훼방하는 마지막 요소는 오늘날 그다지 문제가 될 것 같지 않아 보이는 존재로부터 비롯된다. 바울은 잘못된 복음을 전파하는 존재라면 그가 "하늘로부터 온 천사"라도 그를 믿지 말라고 경고했다갈 1:8. 어쩌면 당신은 어떤 천사도 우리 공동체에서 설교하고 있지 않으니 전혀 문제될 것 없다고 생각할지 모르겠다. 그것이 사실일지 몰라도, 겉보기에 아무런 문제가 없어 보이는 어떤 영적 운동을 만날 때 그 운동의 기원이 어디에 있는지 깊이 살펴보아야만 한다.

세계의 거의 모든 주요 종교나 기독교 이단들의 기원을 살펴보면 거의 언제나 천사나 천상의 메신저에 의한 초자연적인 계시와 관련되어 있다. 유명한 두 가지 예를 살펴보자. 이슬람교는 무하마드가 천상의 비전을 보았을 때 생겨났다. 몰몬교도 천사의 계시를 통해 받은 몰몬경으로부터 시작되었다. 오늘날 전 세계적으로 복음을 위협하는 요소는 언제나 천사들로부터 받은 일종의 계시에서 시작한 경우가 대부분이다.

선교사들은 복음을 전파한다. 삶을 통째로 변화시키는 이 메시지야말로 그들이 삶을 헌신하는 이유이다. 당신이 선교사처럼 살려고 노력하면 할수록 복음을 전파하는 것이 더욱 중요해

질 것이다. 이 세대 가운데 널리 퍼져 있는 복음의 대한 도전과 혼란에도 불구하고 당신은 복음을 받아들였고, 믿어 왔다. 당신에게 복음은 이미 분명한 확신으로 자리하고 있다. 당신은 그것을 정말 다른 이들과 나누고 싶은가? 그러나 당신 앞에 놓여 있는 가장 큰 문제는 앞서 말한 교리적인 문제가 아닐 것이다. 그것은 오히려 개인적인 것이며, 솔직히 말하자면 더욱 극복하기 힘든 관계의 문제라 할 수 있다.

··· 언제나 가장 큰 문제는 관계의 문제이다

대부분의 그리스도인들이 복음을 전하지 않는 공통적인 이유는 그렇게 할 때 관계가 어려워질 것을 염려하기 때문이다. 갈라디아 교인들에게 잘못된 신학적 오류에 굴복하지 말고, 복음의 순수성을 지키기를 당부한 바울은 더 절박한 문제 두 가지를 언급하면서 글을 맺는다.

"이제 내가 사람들에게 좋게 하랴 하나님께 좋게 하랴 사람들에게 기쁨을 구하랴 내가 지금까지 사람들의 기쁨을 구하였다면 그리스도의 종이 아니니라" 갈 1:10.

복음을 전할 때 생겨나는 인간관계의 긴장감은 수많은 그리스도인으로 하여금 불편함과 어색함을 피해 결국 침묵을 선택하게 만들고 만다. 우리는 사람들이 자신을 좋아하기를 원하는데, 복음은 자주 그러한 호감을 반감시키기 때문이다.

복음을 전하는 것은 여러 가지 이유에서 인간관계의 긴장감을 초래한다. 먼저, 복음을 전하기 시작할 때 당신은 표면적이고 소소한 잡담을 넘어서서 매우 중대한 삶의 문제로 옮겨가기 때문이다. 이때 만약 적절하게 접근하지 않으면 상대가 무척 위협적으로 느낄 수도 있다. 복음은 한 사람의 핵심적인 필요와 선택, 그리고 개인적인 염려까지 모두 연결하여 다룬다. 복음은 꼭꼭 숨겨 둔 개인의 비밀, 여러 겹의 자기 방어 기제 밑에 숨겨진 열정과 고통들을 완전히 벗겨 놓는다. 마치 판도라의 상자처럼 한 번 열리면 상자 속 내용물이 모두 빠져나오기 때문에, 다시 그것을 이전처럼 숨길 수 없게 된다.

메리에게 복음을 전하던 한 친구가 더 깊은 대화를 나눌 수 있도록 그녀를 내게 소개시켜 주었다. 잠깐 동안 진단 질문만 했음에도 불구하고, 몇 가지 특별한 주제들이 그녀로 하여금 인생의 중대한 변화를 선택하도록 몰아가고 있음이 드러났다. 하지만 내가 믿음이란 '하나님을 신뢰하는 것'이라고 설명했을 때 그녀는 깜짝 놀란 듯한 반응을 보였다. 마치 치과 의사가 살아 있는 신경을 건드린 것처럼, 내 말이 그녀의 깊은 고통을 건드렸던 것이다. 그녀는 그 후 두 시간에 걸쳐 깨어진 결혼과 관련한 상처에 대해 쏟아 놓았다. 사람과 하나님에 대한 그녀의 신뢰는 남편의 파괴적인 행동 때문에 모두 산산조각이 나 버린 상태였다. 우리들의 대화는 보다 영적인 대화로 바뀌었고, 하나님이 어떻게 상처받은 자를 치유하시는지 충분히 설명할 수 있을 때까지 나는 그녀의 울분을 멈추도록 애써야 했다. 메리는 자신의 이야기를 온전히 쏟아 내는 카타르시스를 경험하면서 내면의 고통을 모두 비워 냈다. 그리고 몇 주 뒤, 그녀는 자신의 삶을 온전히 예수님께 맡기기로 결정하였다. 감사하게도 그녀의 남편도 동일한 결정을 내렸다. 시간이 걸렸지만 그들의 결혼 생활도 결국 다시 회복되었다.

그러나 '해피엔딩'이 이 이야기의 핵심은 아니다. 핵심은 한 개인의 필요를 복음과 연결시키는 고통스러운 과정을 전도자가 잘 다룰 수 있도록 배워야 한다는 것이다. 복음을 전할 때는 감정적으로 녹초가 될 것을 각오해야 한다. 비그리스도인들은 종종 그들로 하여금 복음으로부터 멀리 떠나가게 한 계기가 있다. 혹은 반대로 어쩔 수 없이 간절히 복음을 찾았던 경험이나 고통스러운 상황 때문에 주님 앞으로 나아오게 된 이도 있다. 어느 경우든지 대화를 나누는 가운데 두 사람의 감정은 소진될 수 있다. 복음을 전할 때, 다른 사람의 고통을 일방적으로 들으면서 내 감정은 억제해야만 하는 상황이 인간관계의 긴장감을 야기시키기도 한다.

한 남자가 자신의 십대 딸을 데리고 왔다. 그는 성공한 사업가였고, 다른 교단 소속의 성도였다. 딸이 임신을 했는데 그는 부끄러워서 자신의 담당 목사에게 찾아갈 수가 없었던 것이다. 그가 이야기를 할 때, 그의 딸은 내 앞에서 고개를 숙인 채 무릎 위로 눈물만 뚝뚝 떨어뜨리며 앉아 있었다. 그가 자신의 딸이 저지른 죄에 대해, 자신의 실망감과 당황스러움에 대해 말하면서 나로 하여금 그녀를 꾸짖도록 종용하면 할수록 딸은 더 깊숙히 의자 속으로 몸을 밀어 넣었다. 나는 화가 나기 시작했다. 딸에게는 자신의 곁을 든든히 지켜줄 강인한 아버지가 필요했는데, 그는 고작 자신의 감정만을 쏟아내는 나약한 아버지였기 때문이다. 분노를 억제하면서, 이 어린 소녀의 문제를 다루는 동시에 복음을 전하는 것은 나에게는 무척이나 어려운 일이었다.

또 한번은 최근에 남편으로부터 목과 얼굴을 구타당한 한 여성이 도움을 청하며 내게 찾아왔다. 그녀를 돕는 것이 첫 번째 단계라면, 그녀의 남편을 찾아가서 똑같이 두들겨 패 주는 것이 가장 합당한 두 번째 단계처럼 여겨졌다. 가정 폭력은 아주 비열한 행동이다. 그런데 얼마 지나지 않아 그 남편이 도움을 청하며 찾아왔다. 그리스도인이 아닌 그는 복음을 들어야 할 사람이었다. 그러나 솔직히 말해, 사실 이렇게 쓰는 것도 고통스럽지만 나는 그를 너무나 경멸했기 때문에 그에게 복음을 전하는 것이 너무나 어려웠다. 나는 그가 심판받기를 원했고, 용서받지 못하기를 바랐다. 하지만 가장 추한 모습으로 찾아오는 죄인들을 향한 우리의 분노와 절망, 쓴 뿌리, 판단하는 마음을 억제하는 것은 필수적인 일이다.

복음이 인간관계에 긴장감을 초래하는 두 번째 이유는 그것이 한 개인의 죄의 문제를 다루기 때문이다. 효과적으로 부드럽게 복음을 잘 전했다 하더라도 죄를 깨닫게 된 사람은 분노로 불타고 있을 수 있다.

바비란 사람이 복음을 언급하면서 예수님을 따르는 것에 대해 나에게 몇 가지 질문을 했다. 그는 자신이 죄인이며, 회개가 필요하다는 사실을 깨닫게 되자, 갑자기 행동을 바꾸었다. 복음에 마음의 문을 열기는커녕 무례하고 방어적으로 변했다. 그는 내가 그를 지나치게 판단한다고 주장했으며, 하나님이 미움으로 가득 찬 분이라고 강변했다. 그의 분노는 연약함 위에 덧씌워진 가면에 불과할 뿐이었다. 죄에 대한 이야기가 그의 귓가에 여전히 맴돌았지만, 그는 회개하기를 원치 않았던 것이다.

제이는 죄의 문제에 맞닥뜨렸을 때 부정적으로 반응했던 또 다른 사람이었다. 성경에 "모든 사람이 죄를 지었으매"라고 적힌 것을 읽었을 때 그는 "이것 좀 보세요. 나는 내가 알고 있는 그리스도인보다 훨씬 낫다고요"라고 말했다. 어떤 의미에서 그는 옳았다. 그는 매우 윤리적인 사람이었다. 하지만 그에게 당신이 알고 있는 그리스도인이 아니라 예수님만이 당신의 의로움을 판단하시는 유일한 기준이라고 소개하자 우리의 대화는 갑자기 끊기고 말았다.

두 사람 모두 그들이 죄인이라는 말을 들었을 때 부정적으로 반응했다. 한 사람은 격렬하게 화를 냈고, 또 다른 사람은 차분하게 반박했다. 두 경우 모두 대화는 부드럽게 끝나지 않았고, 나를 낙담시켰다. 아무리 부드럽게 복음을 증거한다 해도 죄를 확신시키는 과정을 지날 때면 강한 저항을 받곤 한다.

복음 때문에 비웃음을 당하게 되는 것도 선교적 그리스도인이 경험하게 되는 관계적 긴장감이다. 내가 그리스도인이라는 사실을 처음 알게 된 톰이 물었던 첫 번째 질문은 "정말 예수님이 유일한 구원의 길이라고 믿어요?"였다. 그리고 내가 대답도 하기 전에 그는 다시 "그리고 예수님을 따르지 않는 사람은 죽어서 다 지옥에 간다는 말이지요?" 하고 물었다. 두 질문에 대한 나의 대답은 모두 "그렇다"였고 예상한 대로, 톰은 그것이 잘못된 답이라고 생각했다. 그는 조롱하며 "꽤 똑똑한 사람인 줄 알았는데, 어떻게 그런 넌센스를 믿을 수가 있지요?"라고 이야기한 뒤 "하나님은 사람들을 너무나 사랑하시기 때문에 구원에 이르는 한 길만 허락하실 리가 없고, 누구도 지옥에 보내시지 않을 거예요" 하고 덧붙였다. 나의 확신에 대한 설명은 곧 묵살되었고, 그날 나의 지성에 대한 그의 신뢰와 믿음도 사라져 버렸다. 보잘것없는 사람으로 취급당하는 것은 고통스러운 일이다.

복음을 전할 때 어떤 사람들은 당신을 비웃을 것이다. 너무 편협하다거나, 성경만 먹고 산다거나, 심지어 근본주의자라는 비난도 받을 수 있다. 사람들에 대해 너그럽지 못하고 남을 쉽게 판단하는 사람이라는 누명을 쓸 수도 있고, 당신의 지성과 동정심이 의심받을 수도 있다. 또한 당신의 믿음에 대해 설명하거나 방어하려고 하면 너무 논쟁을 좋아한다거나 편견에 가득 차 있다고 비판받을 수도 있다. 사람들이 더 큰 분노에 사로잡히면 언어 폭력을 행사하게 되고, 심하면 대화를 망칠 뿐 아니라 소중한 관계까지 잃을 수 있다. 이와 유사한 또 다른 반응은 복음을 전적으로 거부하는 것이다. 어떤 이는 자기 앞에서 절대로 예수님에 대한 이야기는 물론, 교회에 대한 이야기나 어떤 영적인 이야기도 하지 말라고 할 수 있다. 어떤 사람은 "나를 위해 기도하지도 말라"고까지 내게 말한 적이 있다. 나야 상관없이 기도했지만 말이다.

그리스도인이 된 후 마크는 오랜 친구와 함께 주말을 보냈다. 그들은 대학에서 3년간 룸메이트로 지냈고, 동창들과 함께 풋볼 경기를 관람하곤 했다. 마크는 또 친한 친구 세 명의 결혼식에서 모두 신랑 측 들러리를 했었다. 어느 날 마크의 친구가 마크를 보고 "너 뭔가 달라졌다"고 말하자, 마크는 친구에게 복음을 전하기 시작했다. 친구는 "글쎄, 나는 자네를 존중하지만, 자네도 내가 그런 것을 믿지 않는다는 걸 존중해 주면 좋겠네"라고 말했다. 그날 이후로 그 친구는 마크를 멀리하게 되었고, 둘은 거의 연락을 끊고 살게 되었다. 때로 복음은 당신과 당신의 가장 친한 친구 사이를 가로막아 버리기도 한다.

긴장된 인간관계에서 더 나아가 거절감까지 겪는 것은 정말 고통스러운 경험이다. 만약 다시는 예수님에 대해 말도 꺼내지 말라는 룸메이트가 있다든가, 복음을 전할 때마다 계속 반박하는 손주가 있다면, 또는 일터에서 계속 복음을 강요하면 고소하겠다고 협박하는 직장 동료가 있다든가, 예수님 이야기를 입 밖으로 꺼내면 이혼하겠다고 버티는 배우자가 있다면, 혹은 믿음 때문에 계속 당신을 피하는 친구가 있다면, 복음 때문에 안타까워 한다는 것이 무엇인지 당신은 이해할 것이다. 그들을 사랑하기에 그들이 이 땅과 이후의 영원한 나라에서 정말 의미 있는 삶을 살기를 원하는 것뿐인데, 사랑하는 사람들이 복음에 대해, 그리고 당신에 대해 등을 돌리는 것을 바라보는 것은 정말 고통스러운 일이다. 거절의 경험은 언제나 우리의 가슴을 아프게 한다.

··· 당신에게는 아무런 문제가 없다

긴장된 인간관계는 복음을 전할 때 상대의 정서를 고려하지 않고, 지나치게 강하게 나갈 때 종종 나타나는 결과이다. 변명의 여지가 없다. 만약 이런 식으로 전도했다면, 지금 당장 멈추기 바란다. 당신에게는 사람들을 향한 사랑과 전략, 그리고 사려 깊은 마음으로 복음을 매력 있게 전달할 책임이 있다. 대부분의 그리스도인들은 사랑으로 전도를 한다. 오늘날 사려 깊은 그리스도인들 사이에서 어느 만화에서 본 것처럼 '사람들의 머리를 성경책으로 두드려 깨워서'라도 전도하려는 모습은 찾아볼 수 없다. 그러나 복음을 효과적으로 사려 깊게 전하려 할 때도 인간관계가 경직되는 것을 피할 수가 없다. 그 이유는 무엇일까?

복음에 대해 사람들이 불안한 반응을 보이는 첫 번째 이유는 복음을 소개받을 때 성령께서 자신의 죄를 깨닫게 하시기 때문이다. 요한은 성령이 "죄에 대하여, 의에 대하여, 심판에 대하여 세상을 책망하시리라 죄에 대하여라 함은 그들이 나를 믿지 아니함이요"요 16:8-9라고 하였다. 이와 같이 사람들은 여러 경로를 통해 자신의 죄를 깨닫게 되지만 그중 한 가지 경로가 우리에게 매우 중요하다. 성령이 타인의 죄를 깨닫게 하실 때 전도자인 바로 당신이 성령이 내주하는 중요한 도구로서 쓰임받게 된다는 사실이다.

그래서 비그리스도인들은 당신이 별말 하지 않고 그저 그 자리에 있기만 해도 불편함을 느끼게 되는 것이다. 가정 심방을 한다고 하면, 사람들은 내가 도착하기 전에 재빨리 맥주캔이나 음란물을 치우곤 했다. 어느 목사님은 언젠가 길가에서 담배를 피우는 남자를 만났는데, 그가 자신을 보자마자 아직도 타고 있는 담배를 재빨리 주머니에 감추는 것을 보았다고 했다. 다소 우스운 예이긴 하지만, 이것은 비그리스도인이 그리스도인 안에 역사하시는 성령님에 의해 죄가 드러날 때 어떤 반응을 보이는지를 잘 보여 준다.

비그리스도인이 복음 앞에서 부정적인 반응을 보이는 두 번째 이유는 십자가의 능력 때문이다. 복음의 원리를 처음 들은 사람들에게 그것은 매우 어리석은 내용처럼 들린다. 복음은 자기 자랑, 자기 의, 자기 만족에 대한 현대인들의 확신을 무색하게 만들어 버린다. 또 복음은 사람들로 하여금 자기에 대한 자신감을 포기하고, 인생의 가장 중요한 문제, 즉 영원한 운명에 대해 한 사람을 신뢰하라고 요청한다. 십자가의 복음은 거리끼고도 '미련한'고전 1:23 일이다. 많은 사람들이 탁월한 교사로서 혹은 부활하신 주님으로서 예수님을 기꺼이 따르려고 한다. 그러나 예수 그리스도께서 십자가에 달리신 사건은 또 다른 문제이다. 십자가가 우리의 죄를 뚜렷이 직면하게 만들고, 우리의 반역이 그 원인이었음을 신랄하게 지적하기 때문이다. 추악한 사실을 똑바로 바라보는 것은 매우 고통스럽다.

어떤 사람들은 죄를 깨닫고 십자가를 직면할 때 쓰디쓴 마음과 분노의 감정을 드러낸다. 그들은 그들이 느끼는 부끄러움과 죄책감을 만회하려고, 복음을 전해준 사람은 물론 다른 사람까지 공격한다. 그것은 비웃음, 거부, 격렬한 논박, 말 자르기 혹은 복음이나 복음을 전하는 자를 공격하는 형태로 종종 나타나기도 한다. 최대한 피해보려고 노력했음에도 불구하고, 이런 상황에 맞닥뜨리게 되면 우리는 어떻게 해야 할까? 이와 같이 부정적인 반응을 보이는 사람들에 대해 우리는 어떻게 준비할 것인가? 그리고 그럼에도 불구하고 어떻게 담대한 마음으로 계속 복음을 전할 것인가?

··· 하나님께 대한 충성이 최고의 가치이다

복음을 전할 때 관계의 긴장감이 생기는 문제에 대한 해답은 바울이 갈라디아인에게 준 마지막 지침에서 발견할 수 있다. 앞서 말한 바와 같이 바울은 "이제 내가 사람들에게 좋게 하랴 하나님께 좋게 하랴 사람들에게 기쁨을 구하랴?"라고 질문하고 이어서 "내가 지금까지 사람들의 기쁨을 구하였다면 그리스도의 종이 아니니라"갈 1:10고 스스로 답변한다. 바로 '당신이 누구에게 궁극적인 충성을 맹세했느냐'는 것이다. 당신은 사람들에게 사랑받기 위해 무엇이든 하겠는가 아니면 사람들 사이에서 인기를 잃거나 논쟁거리가 되더라도 복음을 끝까지 고수하겠는가?

어느 길을 택하겠는가? 하나님의 인정을 구할 것인가 아니면 사람들의 인기를 구할 것인가? 이 문제에 대해 분명한 입장을 정하게 되면 복음을 전할 때 필연적으로 생기는 관계의 어려움도 해결할 수 있다. 사람들에게 더 많은 사랑을 받는 것을 궁극적인 목표로 삼는다면 당신은 복음을 나누지 않거나 모두의 입맛에 맞도록 타협하여 전하게 될 것이다. 그러나 인생의 궁극적인 목적이 하나님께 인정받는 것이라면 당신은 그 대가가 무엇이든 상관없이 복음을 전하고 그 결과를 견뎌 낼 것이다. 이 문제를 해결하는 것은 단순히 영접 기도를 시키는 것보다 더 깊은 문제다. 이 문제의 핵심에 도달하고자 할 때 우리는 인생의 가장 핵심적인 질문 중 한 가지에 대해 답해야만 하기 때문이다. 바로 "누구 혹은 무엇이 당신에게 가장 큰 안정감을 주는가?" 하는 질문이다.

대부분의 사람들은 이와 같은 질문에 대해 '관계' 혹은 '성취'라는 두 가지 커다란 범주 안에서 대답할 것이다. 일 중독에 걸린 사람들은 그들이 열심히 일하고 사역한다면 결국 하나님의 사랑을 얻게 되고, 자신에 대해 만족하리라고 믿는다. 그들은 업무 목록을 살펴보며 하루를 시작하고, 많은 것을 성취하며 안정감을 얻는다. 반대로 남들을 기쁘게 하는 일에 관심이 많은 사람은 다른 이들과의 관계 가운데서 안정감을 발견한다. 모든 사람들이 자신을 좋아하면, 스스로도 자신을 자랑할 수 있게 된다. 이들에게 인간관계를 위협하는 것이라면 그 무엇이든 회피 대상이 될 것이다. 이들은 사람들로부터 사랑받고, 다시 그 보답으로 그들을 사랑하는 가운데 안정감을 발견하기 때문이다. 그러나 성취나 관계라는 우물에서 마시는 물은 잠시 만족을 줄 뿐이다. 우리에게는 영혼을 깊이 적시는 보다 근원적인 샘이 필요하다.

모든 그리스도인들은 하나님과의 관계 가운데 안전하게 살 수 있는 기회가 주어졌고, 그분 안에서만 진정한 안정감을 발견할 수 있다. 진정한 안정감은 천국에서만 주어지는 것이 아니라 바로 이 땅에서 살아가는 삶 속에서도 주어진다. 만약 당신이 예수님을 따르는 제자라면 이후에 주어진 영원한 삶만큼이나 확실하고 안정된 삶이 이 땅에서도 약속되어 있는 것이다. 당신은 믿는 자로서 진정한 안정감을 경험할 수 있다. 그것은 죽으면 얻게 되는 것이 아니라 바로 지금 당신에게 주어져 있는 것이다. 예수님은 말씀하셨다.

"내 양은 내 음성을 들으며 나는 그들을 알며 그들은 나를 따르느니라 내가 그들에게 영생을 주노니 영원히 멸망하지 아니할 것이요 또 그들을 내 손에서 빼앗을 자가 없느니라 그들을 주신 내 아버지는 만물보다 크시매 아무도 아버지 손에서 빼앗을 수 없느니라 나와 아버지는 하나이니라 하신대"요 10:27-30.

주님은 현재와 미래의 돌보심을 약속하셨다. 그는 '두 손의 비유'를 통해서 우리 모두가 두 손으로 두 배나 안전하게 보호받고 있음을 강조하신다. 기억하라! 예수님과 아버지 하나님께서 당신을 꼭 붙들고 계신다.

어느 누구도 그리스도인인 당신의 안전을 위협할 수 없다. 사람들의 어떤 비판적인 견해도 당신의 정체성을 바꿀 수 없다. 어떤 갈등도 당신을 위협하지 못하며, 복음에 대해 아무리 부정적인 견해를 가지고 있는 사람일지라도 당신의 자신감과 타인에게 주는 신뢰를 훼손시키지 못할 것이다. 심지어 그 반박이 언어의 차원을 넘어 폭력이나 순교에 이를지라도 지금 당신은 안전하며 앞으로도 안전하게 될 것이다. 당신의 삶과 나아가 죽음까지도 예수 그리스도 안에서 영원토록 안전하게 보장되어 있기 때문이다.

복음을 전하고자 결심한 대로 살아가는 것은 당신의 힘이나 능력을 넘어서는 일이다. 당신이 항상 복음의 메시지 안에 머물러 있기 위해서는 반드시 외부의 도움이 필요하다. 다행히도, 예수님은 우리가 당신의 이야기를 잘 전할 수 있도록 능력을 주실 성령님을 대신 보내 주시겠다고 약속하셨고, 그 약속을 지키셨다 요 16:7 ; 행 1:8. 선교적 그리스도인은 매일의 삶 속에서 우리를 인도하시고 우리에게 지혜를 주시는 성령님을 믿는다. 선교사처럼 살아가다 보면 당신은 성령님의 동행하심을 깨닫고, 또 당신을 통해 일하시는 그분께 온전히 의존하는 삶을 살게 된다. 이 책을 계속 읽는 동안, 이 사실을 당신의 삶에서 생생하게 경험하는 귀한 시간이 되길 바란다.

4장

선교사처럼 성령을 체험하라

선교사처럼 살아가기 위해서는 인간의 노력으로는 도저히 만들어 낼 수 없는 능력이 필요하다. 당신이 얼마나 헌신되었는지와 상관없이, 우리는 주어진 선교 사명을 감당하기 위해 필요한 힘을 스스로 창조해낼 수 없다. 믿지 않는 자들에게 복음을 이야기하고, 납득할 수 있는 방법으로 그들에게 구원의 계획을 제시하며, 잃어버린 영혼들에게 예수님의 필요성을 전하고, 죄인들을 구원으로 이끌 만한 영성이 당신에게는 없다.

당신이 이러한 과정 가운데 한 부분을 맡게 되는 것은 맞지만, 그 과정을 성공적으로 완수할 힘이 당신에게는 없다. 그 힘은 노력한다고 얻을 수 있는 것도 아니기에 당신은 철저히 무기력할 뿐이다. 외부의 도움 없이 당신은 선교적 삶의 방식을 유지할 수 없고, 특별히 다른 사람들을 구원의 길, 믿음의 길로 인도할 수도 없다.

다행스럽게도, 예수님은 선교 사명을 완수하기 위해 필요한 능력을 우리에게 제공해주시겠노라고 약속하셨고, 실제로 그 능력을 공급해주셨다. 그는 "내가 아버지께 구하겠으니 그가 또 다른 보혜사를 너희에게 주사 영원토록 너희와 함께 있게 하리니" 요 14:16, 또한 "오직 성령이 너희에게 임하시면 너희가 권능을 받고 예루살렘과 온 유대와 사마리아와 땅끝까지 이르러 내 증인이 되리라" 행 1:8 하고 약속하셨다. 예수님의 약속들은 성령님께서 오순절 날 교회에 처음 강림하심으로 성취되었다 행 2:1-4. 동일한 능력이 선교적 삶을 살아가는 모든 성도들의 손에 주어져 있다 롬 8:14-16.

복음을 전할 때 성령님과 잘 협력하기 위해, 또한 그분의 능력에 접속해 이 중요한 일에 도움을 얻기 위해 당신은 선교 사명과 관련하여 성령님이 역사하시는 영역에 대해 반드시 이해해야만 한다. 그분은 복음을 전하기 전부터, 그 일을 마칠 때까지 모든 단계에 관여하신다. 효과적인 선교를 위해서 성령님의 역사하심을 분별하고 신뢰하는 것은 매우 중요하다.

성령님은 비그리스도인들을 위해 일하신다

우리는 흔히 우리가 비그리스도인들에 대해 관심을 가질 때, 그들이 예배에 참석하거나 교회 사역 혹은 프로그램에 참여할 때, 성령님께서 비로소 일하기 시작하신다고 생각하는 경향이 있다. 그것은 사실이 아니다. 성령님은 언제나 비그리스도인들 가운데서 일하시며, 우리가 그분의 노력을 깨닫지 못할 때조차도 그들의 삶을 인도하신다.

성령님은 복음을 받아들일 수 있도록 사람의 마음을 만지신다. 지금까지 수많은 선교사들이 복음을 전혀 접해보지 못한 사람들에게 전도할 때 이것을 경험했다. 때로는 꿈과 환상, 족장의 예언을 통해, 그들의 마음은 이미 준비되어 있었다. 당신도 복음을 전할 때, 하나님께서 역사하셔서 복음을 듣는 자의 마음을 이미 활짝 열어 놓으신 것을 종종 발견했을 것이다. 로마 군인들의 회심에 이 과정들이 어떻게 적용되는지 다음 말씀을 살펴보자.

"가이사랴에 고넬료라 하는 사람이 있으니 이달리야 부대라 하는 군대의 백부장이라 그가 경건하여 온 집안과 더불어 하나님을 경외하며 백성을 많이 구제하고 하나님께 항상 기도하더니 하루는 제구 시쯤 되어 환상 중에 밝히 보매 하나님의 사자가 들어와 이르되 고넬료야 하니"행 10:1-3.

고넬료의 경우, 영적인 세계에 대한 관심"항상 기도하더니", 유대인들과의 개인적인 관계"백성을 많이 구제하고", 하나님에 대한 공경"경건하여", 가족에 대한 염려"온 집안과 더불어 하나님을 경외하며", 그리고 영적인 도전"환상 중에 밝히 보매 하나님의 사자가 들어와"이 그로 하여금 복음에 대해 수용적인 태도를 취하게 하였다. 베드로가 그에게 전도하였을 때, 고넬료는 복음을 받아들였고 세례를 통해 자신의 믿음을 공적으로 확증해보였다행 10:47-48. 하나님은 오늘날도 이와 유사한 방법들을 통해 수많은 사람들이 복음을 들을 수 있도록 준비시키신다.

김 씨는 힘겹게 살아가는 싱글맘이었다. 그녀는 어린 딸을 교회가 후원하는 어린이집에 맡기고, 일자리를 얻은 뒤 하나님께 도움을 청하며 기도하기 시작했다. 그녀의 어린 딸은 어린이집에서 탈 없이 잘 자라났다. 김 씨는 딸을 데리러 갈 때마다 어린이집의 선생님들과 원장님과 어울리게 되었고, 곧 그들과 좋은 친구 관계를 맺게 되었다. 어린 자녀에 대한 그들의 따뜻한 사랑, 좋은 부모가 되기 위해 애쓰는 그녀에 대한 배려심, 그리고 그녀가 잘 되기를 바라는 진심어린 관심이 그녀로 하여금 복음에 대해 열린 마음을 갖게 하였다. 몇 달 후 그녀는 선생님들 중 한 분과 교회에 출석하게 되었고, 그 뒤 어린이집의 원장님은 그녀를 예수님께로 인도했다.

올빌과 펄은 모두 건강 문제로 힘든 싸움을 치르고 있었다. 올빌은 죽는 것이 두려웠고, 펄은 혼자 남겨지는 것이 두려웠다. 두 사람 모두 다가올 미래가 두려웠다. 에이버리라는 친구가 자신이 다니는 교회에 대해 잠시 언급했을 뿐인데 그 두 사람은 모두 호기심이 생겼다. 그들은 비록 지난 70년간 교회를 다녀 본 적이 없었지만 에이버리와 함께 교회에 한번 가 보고 싶다고 했다. 몇 주 동안 예배에 참석한 후에 그들은 에이브리가 인도하는 가운데 영접 기도를 하고 자신들의 삶을 예수님께 의탁하였다. 노화, 건강 상실, 미래에 대한 불안, 그리고 친구의 가벼운 권유, 이 모든 것이 다 조화를 이뤄 그들의 마음이 복음에 활짝 열리게 된 것이다.

글렌은 장거리 트럭 운전수였다. 그는 아버지로서 실패한 자신을 돌아보며 홀로 운전 중이었는데, 그의 표현을 빌리자면 그때 하나님께서 그의 트럭 안으로 들어오셨다. 글렌은 하나님의 깊은 임재를 맛보았고, 지난날의 죄악을 깨달았으며, 삶의 방식을 완전히 바꾸어야 함을 절감했다. 며칠 뒤, 그는 교회 예배에 참석해 복음을 들었으며, 자신의 삶을 예수님께 의탁하게 되었다. 그의 회심은 그의 삶에 큰 변화를 가져왔다. 우선 자녀들과의 관계가 회복되기 시작한 것이다. 몇 주가 지나지 않아 글렌의 새로운 삶에 도전받은 자녀들도 예수 그리스도를 통한 구원을 소망하게 되었다.

이는 모든 사람들이 복음을 받아들이도록 성령님께서 각 사람들의 인생에 개입하신 사례들이다. 그분은 각 사람의 삶에 구원이 얼마나 필요한지 깨닫게 하기 위해 뜻밖의 위기와 의미 있는 관계들, 다른 사람의 삶에 나타난 변화와 그들의 선한 행실을 사용하신다. 또 예배나 극적인 계시, 그 밖에 헤아릴 수 없이 다양한 많은 방법들도 사용하신다. 성령님은 환경이라는 심포니를 지휘하셔서 복음을 받아들일 최상의 준비가 갖추어질 때까지 기다리신다. 그렇게 성령님은 사람들의 삶 가운데서 언제나 일하고 계신다. 우리의 과제는 그분이 일하심을 감지하고 있다가, 기회가 주어졌을 때 복음에 대해 증거하는 것이다.

성령님은 또 사람들의 죄에 대해 깨닫게 하신다. 인류의 영적 상태 가운데 가장 냉정한 현실은 우리에게 여전히 죄성이 남아 있다는 사실이다.

"모든 사람이 죄를 범하였으매 하나님의 영광에 이르지 못하더니" 롬 3:23.

어떤 사람들은 인간이 본질적으로 선하다고 주장하며 이 사실을 부인한다. 만약 당신이 두 살짜리 아이를 키워 본 적이 있다면 그와 같은 주장을 고수하기란 정말 어려울 것이다. 좀더 진지하게 말하자면, 인종말살이나 유아 살해와 같이 인간이 저지른 참혹한 범죄 앞에서 인류가 본질적으로 선하다고 믿는 것은 비이성적인 일이다. 잘 살펴보면 그런 증거는 곳곳에 넘쳐난다. 우리는 모두 죄인이다.

예수님은 성령님이 오시면 그가 "죄에 대하여, 의에 대하여, 심판에 대하여 세상을 책망하시리라 죄에 대하여라 함은 그들이 나를 믿지 아니함이요 의에 대하여라 함은 내가 아버지께로 가니 너희가 다시 나를 보지 못함이요 심판에 대하여라 함은 이 세상 임금이 심판을 받았음이라"요 16:8-11고 하셨다.

죄인들로 하여금 자신들의 죄성을 깨닫게 하고, 의로움을 덧입어야 할 필요를 가르쳐 주며, 또한 다가오는 심판에 대해 깨닫게 하는 것은 성령님의 역할이다. 그러므로 죄인에게 죄를 깨닫게 하는 것은 성령님의 책임이지, 전도자의 책임이 아니라는 말을 주의 깊게 새겨야 한다. 어떤 그리스도인들은 진정한 전도란 사람들에게 그들이 얼마나 나쁜 사람인지를 말해주고, 그에 따라 얼마나 엄한 벌을 받아야 마땅한지 알려 주는 것이라고 잘못 생각한다. 절대로 그렇지 않다! 복음을 전하는 것은 정말로 좋은 소식을 전하는 것이다. "모두가 죄를 범하였다"는 분명한 사실이지만 그것이 복음의 핵심은 아니다. 우리가 얼마나 나쁜 사람인지를 강조할 것이 아니라 그럼에도 불구하고 우리를 사랑하시는 하나님이 얼마나 선한 분이신지에 초점을 맞추어야 한다. 죄를 죄라고 부르고, 죄에 대한 심각성을 계속 기억하며 행동하려면 용기가 필요하다. 그러나 우리는 다른 사람들에 대해 비판적이거나 율법주의적 태도를 갖지 않도록 주의해야 한다. 자신의 죄를 직시하는 일은 가슴 아픈 일이기 때문에 우리도 함께 공감하는 마음과 깨어진 마음으로 접근해야지 '다른 사람의 삶을 교정해주었다'는 헛된 만족감을 좇아서는 안 된다. 만약 죄인들을 향한 당신의 태도가 그러하였다면 부디 하나님의 도우심이 함께하기를 바란다!

한 사람의 죄인을 사랑한다는 것은 그들의 현재 행동이 아니라 예수님을 통해 변화되어야 할 그들의 참된 필요에 주목하는 것이다. 예를 들어 당신이 레즈비언 커플과 친구가 되었다면 그들의 성적인 행동 양식 때문에 그들도 구원받아야 할 필요가 있다는 사실에 집중하기가 어려울 것이다. 그러나 그 사람이 동성애자이든, 간음을 하였든, 포르노 중독자이든 상관없이 그들 영혼이 가장 염원하는 것은 성적인 죄에 대해 정죄받는 것이 아니라 예수님 안에서 새롭게 태어나는 것이다. 무책임한 부모들, 교만한 십대들, 괴팍한 노인들의 현재 모습만 보고 그 이면에 숨겨진 영혼의 깊은 목마름, 즉 그 구원에 대한 깊은 필요를 보지 못한다면, 당신은 그들과 도저히 함께 어울리기 어려울 것이다. 죄인들을 사랑한다는 것은 흔히 공격적인 행동과 무례한 태도들을 견뎌 내는 것을 의미한다. 쉽게 말하자면 그들의 행동과 상관없이 그들을 사랑하는 것이다. 이것은 사람의 진을 빠지게 할 정도로 어려운 일이지만 복음이 필요한 사람들과 지속적인 관계를 유지하는 데는 필수적이다.

당신이 해야 할 역할을 감당하는 동안 성령님 역시 자신의 역할을 감당하신다. 그분은 죄와 의와 다가올 심판에 대한 확신을 영혼 가운데 심어 주신다. 성령님이 주시는 확신은 부끄러움과 죄책감, 그리고 내면의 절망을 가져온다. 이때 무겁고 부정적인 감정은 해소될 필요가 있는데, 사람들은 이와 같은 죄성에 대한 확신과 그로 인한 절망을 피해 보려고 약물을 복용하거나 술을 마시기도 하고, 폭식에 빠지든지 아니면 성적인 환상을 추구하기도 한다. 또 폭발적인 분노로 반응한다든지 감정을 다스릴 수 있을 만한 다른 것들을 찾아 헤매이기도 한다. 복음의 증거자로서 당신은 사람들의 내면에 일어나는 폭풍을 해결할 수 있는 유일한 길인 복음을 가지고 있다. 그것은 바로 예수 그리스도를 통해 용서함을 얻는 것이다.

트로이는 성 중독자였다. 학대받고 자란 어린시절 때문에 그는 매우 형편없는 자아상을 가지게 되었다. 그런 까닭에 그는 언제나 사람들로부터 인정받고, 친밀감을 경험하기를 간절히 원했다. 그는 여자들을 하나씩 정복하면서 그런 자신의 목적을 이루고자 했다. 때로는 한 주에 여러 차례 파트너를 바꾸어 가며 생활하던 그는 결국 죄책감에 억눌리게 되었고, 그것으로 인해 더더욱 깊은 타락의 나락으로 빠져들게 되었다. 그의 친구들은 그의 얄팍한 인간관계와 여성들에 대한 학대를 역겨워했다. 그러나 한 친구는 그의 행동이 다른 모든 일의 원인이 아니라 어떤 일의 결과로 나타나게 된 것임을 깨달았다. 그는 트로이에게 예수님의 용서와 그분을 통해 얻을 수 있는 내적 치유, 그리고 그분의 가르침에 기초해 얻을 수 있는 친밀감에 대해 소개했다. 트로이의 회심은 그의 내면에 깊이 감추어진 상처를 치유함으로써 파괴적인 삶의 방식으로부터 스스로를 해방시키는 놀라운 결과를 가져왔다.

당신이 매일 만나는 구원받지 못한 친구와 가족, 직장 동료들, 함께 운동하는 사람들, 그리고 우연히 만난 낯선 사람들 모두 성령님에 의해 자신의 죄를 깨닫게 된다. 성령님의 깊은 임재 가운데 사람들이 자기 죄를 깨닫게 될 때 당신의 반응은 매우 중요하다. 당신의 역할은 사람들의 마음에 그러한 확신이 찾아 드는 것을 감지하고, 그들에게 무슨 일이 일어나는지 스스로 이해할 수 있도록 돕는 것이다. 그들의 내면 속 번뇌를 해결해줄 수 있는 방법으로서 복음을 소개하는 것이다.

결국은 회심을 이루시는 분은 성령님이다. 그리스도인들이 가지고 있는 강박관념 중 하나는 비그리스도인들이 내가 전하는 복음을 받아들이지 않으면 어떡하지 하는 염려이다. 사실 그렇게 염려하는 것도 무리는 아니다. 복음을 강제적으로라도 믿도록 할 수 없기 때문이다. 당신은 그 누구도 구원할 수 없고, 개종시킬 수 없으며, 거듭남에 이르도록 만들 수 없다. 영적인 출산의 과정을 도울 수는 있어도, 새로운 생명이 탄생하는 나머지 과정은 온전히 당신의 통제를 벗어난 일이다.

복음이 증거되는 현장에서 성령님의 역할은 불신자로 하여금 복음의 진실성을 믿도록 설득하는 것이다. '깨닫게 하다'와 '확신 시키다'라는 표현은 서로 매우 밀접한 관계가 있다. 복음이 전해질 때, 죄에 대한 깨달음이 복음의 진실성에 대한 확신으로 변화되어 나타나기 때문이다. 다른 말로 표현하자면, 당신이 복음을 '머리에서 머리로' 전달하고 깨닫게 하는 동안, 성령님은 그 사람이 확신에 이르도록 '마음에서 마음으로' 설득하시는 것이다. 그로 인해 도저히 만들어 낼 수도, 제어할 수도, 조작할 수도, 도울 수도 없는 영혼의 변화가 시작되는 것이다.

회심의 과정 중 성령님의 역할과 관련해서 반드시 피해야 할 두 가지 극단적인 신학적 입장이 있다. 그중 한 가지는 복음 전파가 완전히 성령님의 책임이라는 견해이다. 그가 원하시는 대로 사람들을 회심시키므로 복음 전도는 불필요하다고 보는 입장이다. 또 다른 한 가지는 정반대로 복음을 받아들이고, 구체적인 기도를 올려 드리며, 정해진 순서에 따라 스스로를 헌신한 사람만이 진정한 구원에 이르게 된다고 주장하는 견해이다. 그러나 이 두 가지 극단적 주장 중 어느 것도 사실이 아니다. 이런 주장을 하는 사람들은 누군가가 거듭날 때 실제로 일어나는 신비로운 일들을 깨닫지 못한 것이다.

거듭남을 경험하기 원하는 사람들에게는 두 가지 내용을 전할 수 있는데, 첫 번째는 예수님을 통해 가능해진 구원에 대한 기쁜 소식을 제시하는 것이고, 두 번째는 하나님의 은혜로만 이루어지는 그리스도인의 거듭남에 대해 정확히 제시하는 것이다. 두 가지 모두 필수적이다. 두 가지 중 어느 하나도 다른 하나의 중요성을 감소시키거나 없앨 수 없는 상호 보완적 요소이다. 이 두 가지 사실을 삶 속에서 동시에 경험할 때 놀라운 결과를 가져온다.

트리쉬는 어린 두 자녀를 둔 매우 매력적인 사교계의 명사였으며, 그녀의 남편은 지역 사회의 유력한 리더였다. 그들은 같은 컨트리 클럽에서 활동하고 있는 좋은 그리스도인 커플을 친구로 두었다. 그녀는 이 커플과 여러 차례에 걸쳐 하나님과 복음, 그리고 교회와 그리스도인의 섬김에 대한 대화를 나누었다. 트리쉬와 그녀의 남편은 하나님을 두려워하는 사람이었고, 기독교에 대해 좋은 생각을 가지고 가끔씩 교회에 나가는 사람이었다. 친구들을 통해 복음에 대해 더 많이 배우게 되면서 트리쉬는 그들의 헌신에 진정성이 있음을 알게 되었고, 자신이 하나님과 개인적인 관계를 맺고 있지 못하다는 사실을 더욱 깊이 인식하게 되었다. 이전까지 그녀에게 교회를 다니는 것은 사회적인 책임을 다하는 것이고, 기독교는 그저 종교적인 체계에 불과했다. 하지만 그녀는 이제 그 이상을 원했다.

목사인 나를 종교 전문가로 알고 있던 트리쉬는 신앙 문제를 상담하기 위해 내 사무실로 찾아왔다. 나는 교회나 종교적인 의무에 대한 어떤 언급도 없이 단도직입적으로 복음을 전하였다. 트리쉬는 열린 마음으로 그것을 받아들였고, 예수님께 삶을 헌신할 준비가 되어 있느냐는 질문에 고개를 끄떡였다. 우리는 함께 고개를 숙였고 트리쉬는 나를 따라 기도했다. 내가 하는 기도를 그대로 따라하는 것이 아니라 기도 내용을 자신의 말로 바꾸어 표현하도록 했다. 트리쉬는 가슴 깊은 곳에서 우러나오는 기도를 통해 자신의 삶을 예수 그리스도께 맡겨 드렸다.

"아멘"이라고 말한 뒤 트리쉬는 새로운 인생의 시작을 위해 고개를 들었다. 그러고는 두 손을 가슴에 대고 커다랗게 뜬 눈으로 나를 바라보았다. 그녀는 눈물을 흘리며 붉게 상기된 얼굴로 말했다.

"다시 태어난다는 것이 바로 이런 느낌이었군요!"

그녀는 내가 보는 앞에서 예수님께 자기 삶을 드리고 난 뒤 자신이 경험한 것을 즉시, 그리고 분명하게 묘사했던 유일한 사람이었다. 트리쉬는 성경에 약속된 바와 같이 성령에 의해 거듭난 것이다.

"우리를 구원하시되 우리가 행한 바 의로운 행위로 말미암지 아니하고 오직 그의 긍휼하심을 따라 중생의 씻음과 성령의 새롭게 하심으로 하셨나니"딛 3:5.

••• 성령님은 그리스도인들을 통해 일하신다

비그리스도인이 복음을 받아들이고, 죄를 깨닫게 되며, 진리를 확신하고, 회심에 이르도록 성령님이 준비시키시는 동안, 성령님은 또한 복음을 증거하는 성도들에게도 역사하신다. 당신은 선교적 삶을 사는 그리스도인으로서 절대로 외롭게 혼자 남겨져 있지 않다. 예수님은 함께 계실 분을 보내시겠노라고 약속하셨고요 16:7, 지금도 성령님은 당신과 함께하신다고후 1:22. 성령님은 그리스도인을 통해 많은 사명을 감당하게 하시는데, 그들이 복음을 전할 때 특별히 강력하게 일하신다. 복음이 증거될 때 성령님께서 일하시는 주요한 몇 가지 방법을 소개한다.

성령님은 성도들에게 능력을 공급하신다. 당신의 믿음을 다른 이들과 나누는 게 두려운가? 걱정 말라. 우리 모두 같은 신세이다. 우리는 다른 사람에게 예수님을 소개하다가 실패할까 봐, 웃음거리가 될까 봐, 당혹스런 일을 만날까 봐 혹은 적절하지 못한 일들을 만날까 봐 두려워하며 고민한다. 하지만 두려움은 극복할 대상이지, 선교적 책임을 회피하는 것에 대한 변명이 될 수 없다. 복음을 전파할 때 필요한 용기는 영적 능력을 통해 공급받을 수 있다. 예수님은 약속하셨다.

"오직 성령이 너희에게 임하시면 너희가 권능을 받고 예루살렘과 온 유대와 사마리아와 땅끝까지 이르러 내 증인이 되리라 하시니라"행 1:8.

성령님이 교회를 통해 처음으로 그 능력을 나타내신 것은 예수님께서 이와 같은 말씀을 하신 지 며칠이 지나지 않은 오순절 때였다행 2:1-4. 바울은 또한 오순절에 이어 그들이 회개할 때 성령을 받게 되었노라고 모든 믿는 자들에게 확증하였다롬 8:15-16. 그리고 모든 성도들의 "몸은 너희가 하나님께로부터 받은 바 너희 가운데 계신 성령의 전인 줄을 알지 못하느냐 너희는 너희 자신의 것이 아니라"고전 6:19고 묘사하였다. 요약하자면, 모든 믿는 자는 회심과 더불어 성령을 받게 되고, 바로 그 순간부터 영원토록 성령님이 그리스도인의 삶에 거하게 된다는 것이다. 또 다른 경험인, 성령의 충만함에 대해서는 이 장의 뒷부분에서 자세히 다룰 것이다. 우선은 두 가지 즉, 당신이 회심과 더불어 성령을 받았다는 사실과 그 성령님이 당신의 삶에 영원토록 거하신다는 사실에 초점을 맞추기로 하자.

복음이 증거될 때에 나타나는 성령의 능력이 언제나 당신 안에 잠재한다는 것은 놀라운 사실이다. 그렇다면 어떻게 해야 그 능력이 살아 움직이도록 만들 수 있을 것인가? 해답은 믿음에 있다. 경험 많은 전도자는 복음 증거의 순간 성령님이 그 능력을 나타내신다는 것을 안다. 그래서 전도하기 전, 거룩한 감전이나 혹은 등골을 오싹하게 하는 느낌이 임하기를 기다리며 영적 능력을 얻기 위해 기도하는 것은 별 유익이 없다. 대신 전도하는 바로 그 순간 성령님의 능력이 확실하게 나타날 것을 신뢰하며 복음을 전해야 한다. 그러면 믿음의 발걸음을 내딛는 순간 성령의 능력에 접속되었다는 사실을 알게 될 것이다. 성령의 능력이 나를 붙들어 줄 것을 신뢰하며 과감하게 믿음의 첫 걸음을 내딛으라!

오래전 하나님의 사람들이 이집트에서 약속의 땅, 이스라엘을 향해 나아가고 있었다. 그들은 요단강에 도착했지만 강물이 범람하는 시기였기 때문에 어떻게 건너야 할지 몰라 난감해하고 있었다. 그들의 리더인 여호수아는 제사장들에게 언약궤를 지고 행렬의 맨앞으로 나아갈 것을 명했다. 그러고는 백성들에게 말했다.

"온 땅의 주 여호와의 궤를 멘 제사장들의 발바닥이 요단 물을 밟고 멈추면 요단 물 곧 위에서부터 흘러내리던 물이 끊어지고 한 곳에 쌓여 서리라" 수 3:13.

언약궤를 맨 제사장들이 앞으로 발걸음을 내딛었을 때, 그들은 마른 땅을 딛게 되었다. 이 이야기는 하나님의 능력이 당신의 백성들을 통해 얼마나 시의적절하게 역사하는지 잘 보여준다. 하나님은 이전도 아니고, 이후도 아닌 바로 지금 이 순간 일하신다. 요단강은 그들이 발걸음을 내딛는 순간 말라 버렸다. 복음을 전하는 것도 마찬가지다.

복음을 전하기 전에 어쩌면 당신은 두렵고, 그 일을 감당하기에 무력하다고 느낄지도 모른다. 그러나 일단 전도하기 시작하면, 성령님은 그 만남을 위해 놀라운 능력을 공급하신다. 전도할 수 있는 능력을 주시는 것이다. 당신은 복음을 전하면서, 필요한 때에 그분께서 간섭하실 것을 신뢰하기만 하면, 그 능력에 접속할 수 있게 되는 것이다.

••• **성령님은 그리스도인들에게 권세를 허락하신다**

영적인 능력과 관련된 또 다른 개념은 영적인 권세이다. 예수님은 모든 권세가 자신에게 속해 있다고 선포하셨지만, 그는 그것을 하나님 나라의 목적을 이루는 데에만 쓰겠노라고 제자들에게 말씀하셨다. 성령님이 성도들의 복음 증거를 도와주시지만, 예수님의 이름과 복음의 진리는 그 자체로도 권세를 가지고 있다. 예수님의 이름으로 기도하면, 당신은 구원의 근원에 관해 권세를 가지고 말하게 된다. 복음을 전할 때 우리는 본래부터 그 자체에 엄청난 능력을 내포하고 있는 진리를 말하게 되는 것이다. 예수님의 이름과 복음은 그 자체가 이미 아무것도 보탤 필요 없는 권세 있는 메시지이다. 특히 자신보다 더 나이 든 사람이거나, 더 성숙한 사람, 더 교육받은 사람, 혹은 더 성공한 것처럼 보이는 사람을 전도할 때 우리가 느끼는 상대적인 무기력감을 고려한다면 이 사실을 아는 것은 매우 중요하다.

내가 컨트리클럽 성경 공부 모임이라고 재미있게 이름 붙인 여성 그룹이 있다. 나를 꽤나 긴장시키는 모임인데 우리 공동체에서 지도적인 자리에 있는 여인들로 구성되어 있다. 그들의 남편들은 영향력 있는 자리에 있었고, 재정도 모두 풍족했으며, 멋진 집을 소유하고, 여러 곳을 여행하며, 잘 교육받은 사람들이었다. 나는 그들의 모임에서 나오는 여러 가지 질문들에 대해 답변해주는 영적 조언자였다. 일부는 그리스도인이었고, 어떤 이들은 단지 호기심 많은 구도자였다. 그들은 언제나 품위가 있었고, 그들의 질문은 예리하고 솔직했다. 나는 때때로 그들의 태도와 행동 가운데 잘못된 부분을 지적해야 했기 때문에 그들의 질문에 답하는 것이 불편하고 매우 어려웠다. 이것은 내가 그들의 아들뻘이 될 만큼 어리다는 피할 수 없는 현실에 기인한 것이었다. 내 역할은 분명했는데 그것은 성경적인 영감과 관점에 기초한 좋은 해답을 제시하는 것이었다. 스스로 권위를 내세우기에 나는 너무 어렸고, 경험은 전무했고, 성취한 것은 너무 적었다.

내 권위는 예수님과 하나님의 말씀, 그리고 복음에 대한 전적 신뢰에서 나왔다. 이와 같은 권위에 기초한 나의 대답은 다른 상황이었더라면 그저 초보적이고 유치하다고 무시당했겠지만, 이 모임 가운데에서는 상당한 영향력을 끼쳤다. 권위 있게 말할 수 있는 기반은 메시지를 전하는 사람보다 메시지 그 자체에 달려 있다. 그러므로 복음을 전할 때, 우리는 스스로 권위를 부여하는 진리의 능력에 의지해서 말해야 한다.

••• 성령님은 그리스도인에게 지혜를 주신다

사람들과 복음에 대해 이야기를 나눌 때 당황스런 질문과 복잡한 문제에 부딪힐 수 있다. 어떤 그리스도인들은 그 질문에 다 대답하지 못할까 봐 두려워 이와 같은 토론을 회피한다. 그러나 맘 편히 가지기 바란다. 그런 일은 없을 것이다. 그렇다고 당신이 복음에 대한 토론을 회피해야 한다는 뜻은 아니다. 성령님은 우리가 충분히 준비할 만한 시간이 없는 상황 가운데에서도 그러한 질문에 잘 반응할 수 있도록 우리를 도와주시고 일깨워 주신다. 복음에 대한 모든 질문이나 반박에 대해 완벽하게 답할 수 있을 정도로 많은 책을 읽고, 대답을 암기하고, 문제를 연구하는 것은 불가능하다. 대신 선교적 그리스도인은 대화 가운데 우리가 무엇을 말할지 성령님이 도와주실 것을 신뢰하면서 오직 복음을 잘 전하는 데에만 집중한다. 예수님은 제자들에게 말씀하셨다.

"사람이 너희를 회당이나 위정자나 권세 있는 자 앞에 끌고 가거든 어떻게 무엇으로 대답하며 무엇으로 말할까 염려하지 말라 마땅히 할 말을 성령이 곧 그때에 너희에게 가르치시리라 하시니라" 눅 12:11-12.

이 약속은 전도 여행을 떠나는 제자들에게 주어진 것이었지만, 당신에게도 동일하게 적용되는 원리이다. 복음을 전할 때, 성령님께서 무엇을 말할지, 언제 말할지, 그리고 어떻게 말할지 알려 주실 것을 신뢰하라. 각 사람의 온전한 필요와 감추어진 염려가 무엇인지, 그리고 그들로 하여금 질문하게 하고 때로 저항하게도 하는 과거의 경험이 무엇인지 분별할 수 있도록 성령님께서 지혜를 주실 것이다. 때로 진실한 구도자의 질문에 답하는 것이 도움이 된다. 그러나 어떤 때에는 불필요한 질문 너머에 감추어진 더 깊은 문제들을 캐낼 필요가 있다. 그 차이를 알아내기 위해서는 영적인 분별력이 필요하다.

잭슨의 아내 베스는 복음에 대단히 관심이 많았고, 그래서 예수님께 자기 삶을 의탁하려고 했다. 그들과 여러 차례 대화를 나누어 본 결과, 잭슨도 복음에 관심이 많았으나 여러 가지 문제로 주저하고 있었다. 어느 날 그는 나에게 말했다.

"기독교와 종교에 대해 몇 가지 질문을 하고 싶은데, 오늘 밤 우리 집에 와줄 수 있나요?"

그의 부탁대로 나는 잭슨의 집으로 갔고, 내가 도착하자 그는 피아노 의자를 우리가 앉은 두 의자 사이에 놓고 그가 가지고 있었던 17가지 질문 리스트를 펼쳐 놓았다. 첫 번째 질문은 "하나님은 누구시며 그가 존재한다는 사실을 어떻게 알 수 있는가"였다. 전혀 쉽지 않은 질문이었다.

그가 가진 질문들은 제아무리 많이 준비하고 연구해도 도저히 답하기 어려운 것들이었다. 그러나 그것들은 사실 잭슨의 진짜 문제인, 자신의 미래에 대한 불안감과 두려움을 감추기 위해 고안된 난해하고 영적인 질문들의 모음일 뿐이었다. 그는 자신의 마음이 드러날 개인적인 대화를 원치 않았던 것이다. 그는 우리가 기독교에 대해 객관적으로 다룰 때 안정감을 느꼈다. 마침내 17가지 질문에 대한 답을 모두 마쳤을 때 나는 그에게 물어보았다.

"자, 이제 내가 한 가지 물어보아도 될까요?"

잭슨은 동의했고, 나는 물었다.

"당신은 이제 예수 그리스도에 관한 신학적 지식 말고, 그분과 개인적인 관계를 맺을 준비가 되었습니까?"

그는 긍정적으로 대답했고, 그 뒤 우리는 복음과 개인적으로 그리스도께 헌신할 것에 대해 깊은 대화를 나누었다. 몇 주가 지나서 그는 그리스도인이 되기로 결심했다.

나의 대답들이 그날 잭슨의 회심을 도왔는지 모르지만, 그것은 가장 핵심적인 요소가 아니었다. 성령님께서 도와주셔서 나는 그의 질문들에 대해 간단하고, 직접적인 대답을 할 수 있었고, 계속해서 분명하고 개인적인 복음을 제시할 수 있었던 것이다. 어떤 사람도 토론이나 논쟁을 통해 하나님의 나라 백성이 된 적은 없다. 논쟁에서 이길 수 있다거나 회의적인 사람에게 확신을 심어 줄 수 있는 능력이 있다고 자랑하지 않도록 하자. 사랑의 태도를 끝까지 견지하고, 확실히 복음을 전달하며, 문제가 생겨날 때마다 지혜롭게 다룰 수 있는 능력을 주시도록 성령님을 의뢰하기만 하면 된다. 성령님은 선교적 그리스도인들을 통해 일하신다. 그렇다면 중요한 질문은 "강력한 성령님의 역사를 체험하려면 어떻게 해야 하는가?"이다.

••• 성령님을 체험함

성령님은 당신 안에 머물고 계시기 때문에, 더 이상 성령 받는 것이 당신의 목표는 아니다. 당신 앞에 놓인 도전은 성령님을 체험하는 것, 다시 말해 그분의 인도하심을 느끼며 그분이 이

끄시는 대로 순종하는 것이다. 성경적인 표현을 빌자면, 당신은 "성령으로 충만하여"엡 5:18야 한다. 성령으로 충만하다는 것은 당신이 성령에 의해 조정되고, 지시받고, 인도받는다는 것을 의미한다. 그것은 성령님을 매일매일 체험하는 것이다. 그렇다면 그 일은 구체적으로 어떻게 가능할까?

성령 충만함에 대해 성경적인 공식이란 존재하지 않는다. 하나님은 그분의 지혜 가운데, 성령 충만함의 요소와 그 결과에 대해서는 성경에 묘사하셨지만, 그러한 체험을 보장해주는 어떤 단계도 제시하지 않으셨다. 율법주의로 빠지기 쉬운 우리들의 성향을 보건대, 이것은 우리에게 유익이 된다. 만약 하나님께서 그런 공식을 만드셨다면, 사람들은 아마도 각 단계의 머릿 글자를 딴 프로그램을 이미 만들었을 것이다. 영적인 능력에 대해 실용적인 관점으로 접근하는 것은 불가능하다. 때로는 한 가지 개념이 다른 개념과 완전히 배치되기 때문이다. 그렇다고 해서 성령으로 충만하는 것에 대해 아무런 지침이 없는 것은 아니다. 성경에 나와 있는 성령 충만의 여러 가지 측면에 대해 생각해보도록 하자.

성령 충만에 대한 첫 번째 측면은 당신의 회심이다.

"무릇 하나님의 영으로 인도함을 받는 사람은 곧 하나님의 아들이라 너희는 다시 무서워하는 종의 영을 받지 아니하고 양자의 영을 받았으므로 우리가 아빠 아버지라고 부르짖느니라 성령이 친히 우리의 영과 더불어 우리가 하나님의 자녀인 것을 증언하시나니"롬 8:14-16.

그리스도인으로서 당신은 회심과 더불어 당신 안에 영원히 내주하시는 성령님을 선물로 받았다. 당신이 그리스도인이라면, 성령님은 이미 당신 안에 거하실 뿐 아니라 그분으로 인해 충만할 수 있는 능력도 부여하셨다. 이것이 바로 현재로부터 미래에까지 이르는 당신의 영속적인 영적 상태이다.

성령 충만에 대한 두 번째 측면은 인생의 주권을 그분께 완전히 맡겨 드리는 것이다엡 5:18. '영향을 받은' 혹은 '지배된'이라는 표현은 성경에서 '충만함'이라는 단어와 동일하게 쓰이고 있다는 사실을 기억하라. 여러 해 전, 집사님 한 분이 내게 성령 충만하기 위해서 '하나님의 마음에 묵종'할 필요가 있다고 말해주었다. '묵종'acquiescence이란 단어를 나는 그때 처음 들었다. 그것은 '수동적인 복종', '의지적인 준수'를 의미한다. 성령 충만은 성령님의 인도하심에 당신 자신을 완전히 복종시키는 것을 의미한다. 그것은 성령님의 영향력에 자신을 완전히 수동적으로 복종시키고자 하는 의도적이고 의지적인 선택이다.

복종은 여러 가지 방법으로 실천할 수 있겠지만, 가장 간결한 방법은 규칙적인 기도를 통해 당신의 의지를 성령님께 맡겨 드리고, 성령님이 나를 채우시기를 간구하는 것이다. 열정적이고 진실한 기도는 복종을 더욱 분명하게 한다. 공식대로 습관을 따라 중얼거리는 기도로는 충분치 않다. 정직하게, 열정적으로, 또한 모든 가식을 버리고 하나님께 부르짖는 기도만이 자신에 대한 온전한 포기와 성령 충만을 향한 간절한 열망을 보여 준다. 선교적 그리스도인들은 성령의 능력을 경험하고자 하는 거룩한 열망으로 자주 이와 같이 기도한다.

이 말은 결코 힘을 다해 드리는 기도가 더 효과적이라는 뜻은 아니다. 진실한 기도는 하나님을 향한 당신의 전적 복종을 표현해준다는 말이다. 고개를 조아리고, 무릎을 꿇고, 눈물을 흘리거나 부르짖는 것에 무슨 특별한 기술이 필요한 것은 아니다. 그것이 제아무리 진실한 것이라 해도 어떤 외적인 행동도 영적인 능력을 만들어 내지는 못한다. 중요한 것은 당신 마음으로부터 우러나오는 복종이지, 어떤 특정한 기도법이 아니라는 것이다. 기도 가운데 외적으로 나타난 표현들이 내면의 간절한 바람을 반영하는 것이라면 도움이 된다. "교만한 자를 대적하시되 겸손한 자에게 은혜를 주시느니라"벧전 5:5는 말씀과 같이, 간절한 기도는 하나님의 은혜를 상기시켜 줌으로써 스스로 겸손한 마음을 갖게 한다. 그러나 기억하자. 어떤 외적 행위도 내면의 복종을 이끌어 올 수 없다는 사실을. 그것은 오로지 당신의 의지를 성령의 인도하심에 맡기기로 선택할 때 비로소 가능해진다.

성령 충만에 대한 세 번째 측면은 죄를 고백하고 죄된 행위를 멈추는 것이다. 성령 충만함은 당신 안에 이미 계신 그분의 역사에 장애가 되는 것을 제거하는 것이지, 무언가 새로운 것을 받아들이는 것이 아니다. 이러한 생각은 "성령을 소멸하지 말며"살전 5:19라는 짧은 구절에 함축적으로 표현되어 있다. 성령님은 당신 안에 살아 계신다. 그러나 당신은 그분의 능력을 방해하거나 소멸시킬 수도 있다. 어떻게 그런 일이 가능한가?

성령님은 당신의 태도와 행동에 의해 방해받거나 소멸될 수 있다. 그리스도인이 마땅히 행할 지침을 소개하던 바울은 "성령을 근심하게 하지 말라"엡 4:30고 썼다. 그러한 경고는 분을 다스리고, 일터에서 성실한 태도를 유지하며, 참된 말을 하고, 쓴 소리와 분노, 그리고 악한 말을 삼가하라는 권면의 한복판에 놓여 있다. 이 경고가 놓여져 있는 위치는 매우 의미심장하다.

행동과 태도로도 당신은 얼마든지 성령님을 방해하거나, 소멸시키고, 또 탄식하게 할 수 있다. 당신의 행동은 누가 당신을 다스리는지를 잘 보여 준다. 또 당신의 태도는 무엇이 당신의 생각을 이루고 있는지를 잘 보여 준다. 당신이 모든 일에 주도권을 쥐고 있다면, 믿는 자들에게 좀처럼 보기 힘든 일이지만, 당신의 선택은 스스로를 만족시키며 정당화하는 행동으로 흘러가기 쉬울 것이다. 이와 같은 행동들은 당신이 성령님께 완전히 사로잡히지 않았을 뿐만 아니라 성령으로 충만하지도 않음을 보여 준다. 당신의 행동과 그 행동을 취하도록 부추긴 마음의 태도는 모두 당신의 영적 상태를 보여 주는 척도이다.

성령 충만에 관한 마지막 측면은 믿음으로 그 충만함을 받아들이는 것이다. 알려진 죄를 고백하고, 성령님의 인도하심에 자신을 내어 드리며, 성령 충만을 구할 때 반드시 특별한 느낌을 경험하게 되는 것은 아니다. 성령님께 온전히 주권을 내어 드리는 것은 믿음으로 행하는 영적 운동과도 같다. "그러므로 너희가 그리스도 예수를 주로 받았으니 그 안에서 행하되"골 2:6라는 말씀을 기억하라. 당신은 믿음으로 예수님을 당신의 삶에 받아들였다. 그 순간부터, 성령님은 당신 안에 영원히 들어오신 것이다. 성령님의 인도하심에 당신을 내어 맡기는 것은 지속적인 믿음의 행위이다. 그분의 능력을 자신이 소유하고 있다는 사실을 믿는 것은 신념으로 가득 찬 선택인 것이다.

복음을 전할 때 이것을 특별히 적용해볼 수 있다. 우리가 요단강 예화에서 배웠던 것처럼 성령의 능력을 신뢰함에 있어 먼저 믿음의 발걸음을 내딛으며 전도를 시작하는 것은 필수적이다. 마치 언약궤를 지고 강으로 발걸음을 내딛었던 제사장들처럼 당신은 전도를 위해 입을 떼는 순간 하나님의 능력이 강력하게 나타나는 것을 경험하게 될 것이다. 전도에서 대화는 전도하는 그리스도인과 권위 있는 메시지, 성령님의 능력, 그리고 수용적인 불신자가 마치 우연인 것처럼 자발적으로 만날 때 이루어진다. 이러한 대화 가운데 당신이 성령의 충만함을 받게 되면, 당신은 극도의 경외감과 신비로움에 사로잡힐 것이다. 그래서 한 영혼을 영원으로 인도하는 사건에 참여하게 된 것에 기뻐하며, 거룩한 땅에 서 있는 듯한 느낌을 갖게 될 것이다. 이것이야 말로 다른 어떤 것으로도 도저히 대체할 수 없는 최고의 영적 체험이다.

우리 자신의 믿음을 어떻게 나눌지 훈련 중이었던 제랄드와 나는 예수 그리스도를 구주로 받아들일 준비가 되어 있는 어떤 사람의 집을 함께 방문했다. 거칠고 과격한 이 사나이의 회심은 모든 것을 새롭게 시작할 준비가 되어 있는 자의 놀라운 결단이었기에 매우 감동적이었다. 제랄드는 자신이 처음 거듭났던 순간에 대해 간증했다. 그는 성령님의 능력이 그가 전도하는 순간 나타나는 것을 느꼈고, 거듭나게 하시는 성령의 역사가 눈앞에 펼쳐지는 것을 보게 되었다. 우리가 그 집 문을 나설 때, 그는 문 앞 계단에서 펄쩍펄쩍 뛰면서 말했다.

"정말 놀랍지 않아요? 자, 우리 이제 가서 다른 사람을 또 찾아봅시다!"

어쩌면 당신은 경험하지 못한 일인지도 모른다. 그러나 당신이 초보 전도자이든 혹은 전도 전문가이든 상관없이 전도할 때 당신을 통해, 그리고 당신과 함께 일하시는 성령님의 능력을 알게 되면 경외감에 빠지게 될 것이다. 선교적 그리스도인은 습관적으로 복음을 전하며 이와 같이 살아간다. 그들은 성령님의 능력을 일상적으로 경험하지만, 그 능력은 절대로 틀에 박히거나 지루한 방식으로 나타나지 않는다. 영적인 삶은 역동적이고, 늘 변화하며, 예측 불허하고, 가장 맛있는 식사보다 훨씬 더 큰 만족을 가져다준다. 마치 예수님께서 우물가의 여인을 전도하신 후에 그 제자들에게 말씀하신 것처럼, 선교적 그리스도인에게는 "알지 못하는 먹을 양식"요 4:32이 있는 것이다. 이 얼마나 만족스러운 양식인가?

5장
선교사처럼 관계를 형성하라

목사들이 하는 말 중에서 내가 가장 좋아하는 말은 "우리는 이제 교회 담장 밖으로 나가야 합니다"라는 말이다. 나도 여러 번 이 말을 했다. 어느 날 갑자기 교회의 많은 성도들이 그들의 시간 대부분을 교회 밖에서 보내고 있다는 것을 깨닫게 된 것이다. 그들은 직장에서 일하고, 공립 학교에 다니며, 커뮤니티 센터에서 운동을 하고, 또 이런 장소에서 친구들과 지인들을 만나 교제를 나눈다. 대부분의 그리스도인은 세상과 밀접하게 연결되어 있는 것이다.

목사들이 성도들에게 교회 담장 밖으로 나가도록 종용하는 경우, 그들이 의미하는 바는 주로 교회가 후원하는 아웃리치 프로그램이나 사역에 동참하라는 뜻이다. 거기에는 축호 전도에서부터 공동체를 섬기는 여러 전도 행사가 포함된다. 이것들은 그리스도인이 지역 사회와 연결되어 열정적으로 활동할 수 있도록 조직화시킨 좋은 프로그램들이다. 이번 장에서 말하는 어떤 내용도 비그리스도인에게 다가가기 위해 교회가 후원하는 실용적이고 다양한 전략들에 대해 반대하는 것으로 해석해서는 안 된다.

이러한 접근법은 더욱 효과적으로 전도하고 교회의 역량을 지역 사회의 특정한 문제에 집중시키기 위해, 그리고 성도들을 복음적인 활동으로 조직화 하기 위해 선택할 수 있는 방법 중 하나이다.

그러나 이번 장에서는 전략적인 내용들을 다루지 않을 것이다. 대신 당신이 알고 지내는 비그리스도인들과 어떻게 하면 더 깊은 관계를 맺을 수 있는지에 대해 깊이 있게 다룰 것이다. 예를 들어 믿지 않는 친구들, 가족들과 좋은 관계를 형성하는 방법 또는 당신과 취미나 관심사가 비슷한 사람들과 새로운 관계를 맺는 방법 등에 대해서 말이다.

선교사들은 관계를 형성하기 위해 노력한다. 선교적 그리스도인들도 동일한 일을 해야 한다. 선교를 한다는 것은 완전히 다른 상황이나 지역에 사는 이방인들에게 다가가는 것만은 아니다. 당신이 가장 많은 열매를 맺을 수 있는 선교 대상자는 일상의 삶, 바로 당신의 일터, 학교, 이웃에서 만나는 사람들이다.

만약 이것이 사실이라면, 당신의 가족들과 친구들에게 가장 효과적으로 복음을 전하기 위해 어떤 준비를 해야 할까?

••• **그저 잠시 머무는 곳이 아니다**

선교적 삶에 가장 기초가 되는 것은 당신이 그 공동체에 그저 잠시 머무는 것이 아니라 파송되었다는 관점을 받아들이는 것이다. 어떤 차이가 있을까? 다니던 교회나 자신이 속한 공동체로부터 멀리 떨어지게 되면 많은 그리스도인들은 스스로를 그저 그곳에 잠시 머무는 사람이라고 생각하기 쉽다. 그들은 직장이나, 학교 혹은 사회 여러 단체에 몸담게 되면서 되도록 세상에 물들지 않으려고 비그리스도인들과 가벼운 관계만을 유지한다. 이러한 그리스도인들은 주변 환경에 의해 자신이 물들게 되는 것을 지나치게 염려하며, 비그리스도인들과 교류할 때도 자신의 신앙을 유지하는 것에 너무 자신 없는 태도를 보인다. 그에 대해 성경은 분명히 경고한다.

"하나님 아버지 앞에서 정결하고 더러움이 없는 경건은 곧 고아와 과부를 그 환난 중에 돌보고 또 자기를 지켜 세속에 물들지 아니하는 그것이니라"약 1:27.

의심의 여지 없이, 모든 그리스도인들은 순전함을 좇으며 성경이 정한 한도를 넘어서 행동하지 않는 것이 마땅하다. 그러나 많은 그리스도인들은 이 말을 '죄된 행동 가운데 빠져 사는 세상 사람들과 어떤 유익한 접촉도 삼가하라'는 말로 잘못 해석한다. 이런 식으로 생각하는 그리스도인들은 그들이 교회가 제공하는 보호막에서 멀리 떠나 잠시 세상 가운데 머문다고 생각하기 때문에 다시 교회 안으로 들어가기 전에는 절대로 편안함을 느끼지 못한다. 이러한 생각의 결과로 홍수처럼 생겨난 것이 그리스도인들끼리만 어울리는 교회의 사역, 예를 들어 기독교 스포츠팀, 그리스도인 커피숍, 경건 서적 토론회 등이다. 그리스도인들은 바깥에 혼자 있는 것을 불편해 하며 가능한 자주 다른 그리스도인들과 함께 있으려고 한다. 하지만 선교사들은 그렇게 살지 않는다. 만약 복음을 전파하는 일을 정말로 진지하게 생각한다면, 당신도 그렇게 살아서는 안 된다.

선교적 그리스도인으로서, 당신은 스스로를 어딘가에 잠시 머무는 사람이 아니라 파송된 사람으로 간주해야 한다. 당신의 교회와 그리스도인 친구들은 여전히 당신의 홈베이스가 되겠지만, 비그리스도인들과 관계를 맺기 위해 그들로부터 떠나는 것에도 익숙해져야 한다. 한 부대가 전투 현장에 투입되면, 그들은 뭐 재미 있는 일이 없을까 구경하며 돌아다니지 않는다. 그들은 목표한 결과를 얻기 위해 사명을 가지고 파견되었기 때문이다.

그들은 우연히 그곳을 잠시 스쳐 지나가는 사람이 아니라 사명을 위해 보냄받은 사람이다. 그들은 배를 타고 나가, 특별한 목표를 성취하고 귀환해야 한다. 그리고 그들은 최종 목적을 달성할 때까지 그 과정을 다시 반복한다.

파송된 그리스도인도 동일한 마음 자세를 가지고 있다. 당신은 그리스도인 공동체가 제공하는 안전함을 떠나 당신이 영향력을 미칠 수 있거나 관심이 있는 영역으로 나아가 복음을 전한다. 그리고 믿는 자들과 때때로 만남을 가지면서 재충전을 한다. 그러고 나서 이러한 과정을 되풀이한다.

파송된 그곳에서, 당신이 일상적으로 만나는 사람들이 바로 당신의 선교 대상자이다. 당신은 자신이 복음을 전해야 할 책임이 있는 사람들 사이에서 이미 살고 있다. 이 사실은 자신의 일상과 사역이 서로 다른 영역에 속해 있기 때문에 절대로 만나지 않는 평행선과 같다고 생각하는 많은 그리스도인들에게 충격을 준다.

이런 시나리오를 생각해보자. 당신이 교회로부터 가정 방문 전도를 하라는 과제를 받는다. 전혀 모르는 가정의 문을 두드린 후, 문을 여는 사람에게 잠시 들어가서 예수에 대해 잠깐 이야기를 나눌 수 있겠느냐고 물어본다. 그는 좋다고 응답한다. 당신은 들어가 그의 아내를 만나는데, 알고 보니 그녀는 회사에서 당신 바로 옆자리에서 일하는 직장 동료였다. 그녀는 반색하며 말했다.

"저는 당신이 그리스도인인지 전혀 몰랐어요. 게다가 우리 집 근처 교회에 다니는지도 몰랐네요!"

다소 우스꽝스럽게 들릴지 모르겠지만 이것이 많은 그리스도인이 살아가는 방식이다. '전도는 낯선 사람들을 대상으로 하는 아웃리치 프로그램에서나 하는 것이지, 가까운 사무실에서 일하는 동료들에게 하는 것이 아니다'라고 생각하는가? 아니면 '복음을 증거하는 것은 교회 프로그램을 통해 하는 것이지, 개인적인 특권으로 여길 수 있는 일이 아니다'라고 주장하는가? 그러나 파송된 그리스도인은 이러한 이분법을 거부하고, 언제나 사명을 감당하며 살아가야 한다는 것을 명심하라.

••• **파송된 사람들을 향한 실질적인 조언**

예수님은 파송된 자로서의 생활 방식을 잘 보여 주셨다. 그분은 천국을 떠나 사람들이 사는 곳으로 내려오셨다. 셀 수 없이 많은 사람들과 더불어 이야기하고, 기도하며, 울고, 몸을 부대끼며 사셨다. 또 회당에서 우물가까지, 가정집에서 고깃배까지 거의 모든 장소를 방문하셨다. 예수님은 결혼식과 장례식, 저녁식사 자리를 비롯해서 수많은 가족들과 친구들의 모임에도 참석하셨다. 그분은 일상에서 어떻게 하면 자신의 제자가 될 수 있는지 가르쳐 주셨다.

이제 어떻게 하면 당신도 예수님을 더 많이 닮을 수 있을지 생각해보자. 나는 30여 년의 목회 경험과 이 일에 탁월한 사람들을 자세히 관찰한 결과, 더욱 선교에 깨어 있게 만드는 실질적이고 핵심적인 원리가 있음을 알게 되었다. 다음 사항들을 실천해보자.

• **적극적으로 관계를 맺으라**

사람들과 한자리에 있을 때 당신은 정말 그들과 함께 있는가, 아니면 그들을 그저 배경처럼 취급하는가? 그들의 존재를 인식하는가? 혹시 다른 일이나 우선순위 때문에 산만해 있지는 않는가? 그렇다면, 휴대전화를 끄고 스케줄러를 치운 뒤 함께 있는 사람들에게 온전히 집중하기로 결단하기 바란다.

어떤 사람이 친구들에게 복음을 전하는 법에 대한 내 강의를 듣고 청소년 스포츠를 통한 우리 가족의 전도 활동에 특별한 호기심을 보였다. 지금은 아이들이 모두 장성했지만, 당시 세 아이들은 모두 다양한 운동에 관심이 많았다. 우리들은 일 년 내내 연습이나 게임을 위해서 경기장에 자주 갔다. 젊은 선수들은 여러 경기를 비슷한 또래 젊은이들과 함께하는 경향이 있어서 남은 선수들의 부모들은 함께 운동을 즐기기도 하고, 파티와 기금 모금회에 참여했다. 우리는 잃어버린 영혼들을 만나 함께 저녁을 보낼 심방 계획을 세울 필요가 없었다. 왜냐하면 매주 수많은 밤을 그들과 함께 보냈기 때문이다. 여러 해 동안, 우리는 그 친구들과 복음을 매개로 어울리기 위해 의도적으로 노력했다. 그들 중 일부는 그리스도인이 되었는데, 그것이야말로 지금까지 스포츠를 좋아하는 우리 가족의 라이프 스타일을 통해 얻은 가장 큰 소득이었다.

우리의 이야기에 감동받은 그가 말했다.

"그 방식이 당신에게 정말 효과적인 것 같군요. 나 역시 청소년 운동에 깊이 관여하고 있지만 당신처럼 복음을 전할 기회를 많이 갖지는 못했어요."

그는 자신의 상황을 들려줬지만 나도 뾰족한 해법이 없었다. 그러나 몇 주 후, 우리는 우연히 각자 자녀들이 겨루는 경기에서 마주치게 되었다. 경기 내내 나는 부모들과 친구들을 만났다. 그들의 안부를 묻고, 그들의 직장 문제에 대해 이야기하고, 필드에서 웃긴 장면이 연출될 때 함께 박장대소하고, 아픈 환자들의 상태를 점검하듯이 지난번 대화 이후 상황을 따라잡느라 분주했다. 그런데 그 친구는 경기 내내 휴대전화만 붙잡고 있었다. 통화가 끝나면 또 다른 사람과 계속해서 통화하는 것을 보면, 그는 분명 함께 경기를 관람하는 사람들보다 더 중요한 무언가에 몰두해 있는 것이 분명했다. 그의 문제는 간단했다. 경기를 관람하고 있지만, 거기에 몰두하고 있지는 않았던 것이다. 그의 생각과 관심은 어딘가 다른 곳에 있었다.

전화 통화를 삼가고, 정신을 쏙 빼놓는 아이들의 경기에 몰두해야 한다는 것이 내 이야기의 핵심이 아니다. 진정으로 곁에 있는 사람들과 함께하지 않는 것이 문제라는 말이다. 당신이 파송된 그리스도인이라면 어디를 가든 '나는 사명지로 들어가는 중이다. 나는 최선을 다해야 한다. 사람들에게 온전히 몰입해야 한다. 내게는 여기 있는 분명한 목적이 있다. 친구들을 사귀고, 예수님께 사랑을 표현하고, 복음을 나누는 것이다' 하고 끊임없이 되뇌어야 한다. 선교적 그리스도인은 그저 그들이 생활하는 곳, 인근에 머물면서 막연히 전도의 열매를 맺게 되기만을 바라는 것이 아니라 사람들과 교제하고, 비그리스도인들과 관계를 맺는 일에 최우선 순위를 두어야 한다.

• **끈기 있게 행하라**

생활 전도를 주장하는 사람들은 모든 대화가 복음에 대한 깊은 토론으로 이뤄지고, 거의 매주 누군가가 구원받는 것 같은 인상을 남긴다. 어떤 사람에게는 그것이 사실일지 모르지만, 대부분은 사실이 아니다. 많은 인간관계들은 복음을 나눌 수 있을 때까지 서서히 성숙해져 간다. 그런 다음에도 사람들은 복음을 곧바로 받아들이지 않는다. 복음을 전하려는 어떤 시도는 복음에 대해 드문드문 소개하는 것만으로도 몇 년이 걸리기도 한다.

나는 첫 만남부터 복음에 열려 있는 친구들을 만나기도 했다. 그들은 심지어 복음에 대해 이야기해달라고 청했다. 나는 또 별다른 반응을 얻지 못한 채 오랫동안 기도하고 돌보며 시간을 보내야 했던 사람들도 만났다. 또한 관계가 무르익기도 전에 성급하게 복음을 전하는 실수를 범하기도 했다.

오리건으로 새롭게 교회를 개척하기 위해 옮겨 간 지 얼마 안되어서 나는 어린이 운동팀을 코칭하는 과정 중에 스탄과 로라를 만났다. 스탄과 나는 함께 코치로 등록했고, 파트너가 되어서 함께 즐거운 한 시즌을 보냈다. 한 해가 끝나갈 무렵, 그들은 T-ball 시즌 동안 살아 남은 것을 자축하는 가든파티에 우리 가족을 초대했다. 나의 생각 없는 말이 모든 것을 망쳐 버리기 직전까지는 훌륭한 밤이었다. 저녁식사 후에 로라가 내게 물었다.

"그런데 두 분은 왜 오리건으로 이사오셨나요? 교회와 관련된 일인가 보지요?"

이것은 내게 절호의 찬스였다. 그래서 나는 내가 오리건으로 이주한 이유를 봇물 터진 듯 장황히 설명을 했다. 미국에서 가장 복음화율이 낮은 북서부 지역에서 비그리스도인들에게 복음을 전하겠다는 열정까지 포함해서 말이다. 그런데 내 말이 로라의 심기를 건드렸다.

"그러니까 당신은 우리 같이 멍청한 이방인들을 구원하려고 오리건에 왔다는 말이군요, 그렇요?"

나는 재빨리 뒤로 물러서며, 내가 한 말에 대해 설명을 하려고 했지만, "구멍을 파면서 구멍에서 빠져나올 수는 없다"는 옛말을 다시 확인할 뿐이었다. 나는 자신이 사는 지역에 대한 그녀의 자부심에 뜻하지 않게 상처를 준 것과 사람들을 판단하기 좋아하는 나의 태도를 사과했다. 그녀는 대수로운 일이 아니라며 문제 삼지 않았다. 그날 밤 로라의 집을 떠나면서 이제 다시 이야기를 나눌 수 있을까 걱정하였다. 다행히도 그녀는 지금까지도 계속 좋은 친구로 남아 있다.

여러 해 동안, 우리 가족은 이들과 매우 좋은 관계를 유지할 수 있었다. 함께 경기도 했고, 가족 모임, 결혼식, 장례식에도 오갔다. 나는 끈기 있게 복음에 대해 이야기하며 20년이라는 세월을 보냈다. 관계 가운데 복음을 전하기 위해서는 인내심이 필요하다. 특히 복음을 받아들일 준비가 되어 있지 않은 친구에게 복음을 전할 때는 당신의 반응이 매우 중요하다. 당신은 인내심을 가지고 관계를 유지해야 하며, 복음에 더디게 반응할지라도 여전히 좋은 친구로 그의 곁에 있어야 한다.

• **영적으로 민감해져라**

언제 복음을 전할지, 언제 예수 그리스도께 삶을 헌신하도록 권면할지 분별하기 위해서는 '영적인 민감성'이 필요하다. 때로는 당신의 전도가 잘 받아들여지지 않을 때가 있고, 복음을 전하기에 적절하지 않은 때도 있다. 예를 들어, 회사에서 업무 중일 때는 성실하게 일을 함으로써 회사가 정한 업무 시간을 낭비하는 일이 없도록 해야 한다. 전도하는 일은 쉬는 시간이나 당신의 업무 시간이 종료된 이후로 미루는 것이 좋다. 공공 장소에 있을 때 각자의 구원 문제와 같이 지극히 개인적인 이슈에 반응하도록 종용하는 것은 그다지 좋은 생각이 아니다. 물론 복음은 어떠한 대화 속에서도 소개될 수 있지만, 더 깊이 대화를 나눌 수 있도록 개인적인 만남을 요청하는 것이 가장 좋다. 조용하고 차분한 둘만의 장소에서 보다 효과적으로 복음을 전할 수 있기 때문이다.

알란은 몇 해 동안 나와 함께 심판으로 일했던 친구이다. 오랫 동안 나는 그의 인생의 다양한 면, 예를 들어 군 복무, 건강 문제, 깨어진 관계, 기도하시는 할머니 등에 대해 알게 되었다. 그러나 솔직히 말하자면, 우리는 언제나 심판 보는 일에 대해서만 이야기를 나누었다. 우리는 파트너로서 심판 보는 일을 즐겨 했지만 야구 경기장 바깥에서 만나는 일은 거의 없었다. 그러던 중 나의 도움이 그의 심판 경력에 보탬이 되어서 그는 처음으로 결승 토너먼트에서 심판을 맡게 되었다. 그리고 내가 심판으로서 최악의 순간을 보낼 때도 그는 나와 함께 경기장에 있었다. 우리는 훗날 그 일을 이야기하며 웃곤 하지만, 그 사건은 두 사람을 끈끈하게 묶어 주는 좋은 경험이 되었다. 우리 가족이 오리건에서 다른 곳으로 이사 갈 때, 나는 내가 떠나기 전에 알란이 꼭 한 번 복음을 들으면 좋을 것 같은 마음이 들어 그를 점심식사에 초대했다. 그는 그 초대에 응했고 나는 시끄러운 운동장을 떠나 조용한 장소에서 그에게 복음을 전했다.

가까운 사람들에게 복음을 전하기 원한다면 먼저 부드럽게 다가가 복음에 대한 그들의 생각을 알아보기 바란다. 그들의 관점에서 다가가고, 당신이 항상 그들을 생각하고 있음을 알게 하라. 당신이 관심을 가지고 있다는 사실을 가장 잘 전달할 수 있는 방법은 함께 기도하는 것이나 기도하겠노라고 약속하는 것이다. 특히 상처받은 이와 함께 기도하는 것은 훨씬 더 강력한 위력을 발휘한다. 관계는 작은 행동을 통해 한 단계씩 진전될 수 있고, 자연스럽게 복음을 전할 수 있는 윤활제 역할을 한다.

담대함은 전도할 때 꼭 필요한 마음가짐이다. 예수님을 전할 적합한 기회를 분별하는 것이 전도 자체를 회피하는 핑계거리가 되어서는 안 된다. '적당한 때를 기다리고 있다'는 핑계 뒤에 숨어서 복음 전하는 것을 시도조차 하지 않는 일이 없기를 바란다. 적합한 때를 기다리는 것이 얼마나 중요한지 표현하기 위해 이 장에서는 '흔히', '자주' 그리고 '대부분'과 같은 단어들이 많이 사용되었다. 그러나 이것은 절대적인 기준이 아니기 때문에 정확한 타이밍인지 확신이 안 선다고 해서 자신의 믿음을 나누는 데 주저해서는 안 된다. 복음은 거의 언제든 전할 수 있다.

나의 회심도 수백 명의 사람들이 모여드는 시골 축제에서 일어났기 때문이다.

담대하라. 하지만 전도할 때 다른 이들에게 무신경하거나 무례하거나 혹은 교만하게 보이지 않도록 주의하라. 의도적인 접근이 필요하지만, 복음을 제시하는 방법과 장소, 타이밍에 세심한 주의가 필요하다.

- **전염성이 있어야 한다**

당신은 인생을 즐기는가? 그렇다면 그 증거를 보여 달라! 복음을 가지고 사명자의 삶을 사는 것이 고달프기만 한 것은 아니다. 예수님은 사람들과 함께 있는 것을 즐거워하셨다. 결혼식이나 잔치, 혹은 종교적 축하 의식에도 참여하셨고, 아이들과도 즐겁게 노셨다. 예수님에게는 사람들을 매혹시키는 무언가가 있었다. 우리도 그분을 본받아야 한다. 선교적 삶을 사는 그리스도인은 삶을 즐길 줄 알며, 그들의 열정에는 전염성이 있다. 사람들은 그저 그리스도인들 주변에 머물기만 해도 인생을 바꿔놓을 만한 복음의 즐거움을 발견하게 된다.

그렇다고 해서 선교적 삶을 사는 것이 반드시 외향적인 사람들만을 위한 것은 아니다. 믿음을 효과적으로 나누기 위해 당신의 일상이 요란한 파티장이 될 필요는 없다. 내성적이더라도 신뢰할 만하고 사려 깊으며, 또 진정성을 가지고 있다면 즉흥적이고 자신만만한 성격을 가진 사람의 대담함만큼이나 매력적으로 사람들에게 다가갈 수 있다. 가장 효과적인 것은 하나님께서 허락해주신 성품을 통해 복음을 전하는 것이다. 희화화 된 그림보다 실체가 언제나 나은 법이다. 진정성은 언제나 사람을 끈다.

자신에게 편안한 방식으로, 편안한 분위기와 장소에서, 그리고 당신이 함께 있기를 즐기는 사람들 사이에서 복음을 전하는 것이 억지로 만든 환경에서 전도하는 것보다 훨씬 더 쉽다. 당신은 무엇을 좋아하는가? 또한 당신은 누구와 함께 있기를 즐기는가? 그리스도인들은 곳곳에 있기 때문에 일부러 당신의 생활터전을 옮길 필요는 없다. 선교적 그리스도인이 되어 더 많은 사역을 하기 위해 당신이 즐겨 하는 것을 모두 다 포기할 필요도 없다. 다만 가족과 친구들 사이에서 믿는 자로 살아갈 때 복음을 꼭 곁에 두고, 당신이 파송되었다는 사실을 기억하는 것이 중요하다.

카렌은 남북전쟁을 재연하는 일에 전문가이다. 그녀는 당시 의상과 원시적인 의학 도구들을 소품으로 사용하며 의사 역할을 완벽히 재현한다. 수백 명에 달하는 그녀의 친구들은 남북전쟁을 재현하기 위해 정기적으로 모여, 미국 역사의 한 부분을 다시 체험하고, 그 전쟁을 통해 배운 교훈을 나눈다. 그녀는 실제로 그 전쟁에 참여했던 병사들의 일기와 편지에 기록된 영적인 생각들을 기초로 해서 묵상한 것을 나눈다. 그 나눔은 그녀로 하여금 친구들에게 자연스럽게 복음을 나누며, 그것이 오늘날 의미하는 바가 무엇인지에 대해서도 이야기하도록 이끈다.

짐은 그의 교회와 그의 동네 사람들 몇몇이 그러한 것처럼 사냥을 즐긴다. 엘크 사냥 시즌이 되면, 짐은 2주 동안 사냥 캠프를 만든다. 그의 캠프는 마을 사람들 사이에서 누구든지 와서 커피도 마시고, 밤에 깊은 속 이야기도 나누는 장소로 잘 알려져 있다. 어떤 사람들은 한 번 캠프를 둘러보고 가기도 하고, 또 어떤 사람들은 매일 밤 찾아오기도 한다. 이 지역에서 그의 캠프는 특히 저녁에 자연스럽게 진행되는 묵상 나눔의 시간으로도 잘 알려져 있다. 모임을 주도하는 사람들은 압박을 느끼지 않게 하면서, 하나님과 그분의 놀라운 창조 세계에 대해, 예수님 안에 나타난 그분의 완전하신 계시에 대해 마음껏 이야기를 나누게 한다. 여러 해 동안 수많은 사람들이 이 캠프를 통해 예수님을 믿게 되었다.

내 어머니는 일흔이 훨씬 넘으셨지만 여전히 승마 클럽 사람들과 함께 여러 날에 걸쳐 산행 승마에 나서신다. 어머니와 클럽 사람들은 흔히 주말을 이용해 말을 타는데, 그중 한 회원이 '카우보이 교회'를 주일에 운영한다. 어머니의 말에 의하면 교회 근처에 가 보지 않은 사람들까지도 다 온다고 한다. 카우보이 문화를 즐기는 사람들은 다른 누구보다도 동료 승마 회원이 전해주는 복음 이야기에 귀를 기울인다.

한 그룹의 사람들이 그들이 좋아하는 일을 하면서 복음을 포함해 자신이 가장 중요하다고 생각하는 바를 나누는 것은 우정을 쌓아 가는 자연스러운 과정이다. 인생을 즐겨라. 자기 자신이 되어라. 친구를 만들고 스스로 누군가의 친구가 되어라. 그리고 가능하면 가장 자연스러운 상황에서, 당신과 관심사나 열정이 비슷하고 여러 활동을 함께하는 사람들 사이에서 복음을 나누라. 이러한 상황과 관계 속에서 당신은 복음이 가장 잘 받아들여진다는 놀라운 사실을 발견하게 될 것이다.

막 전도를 마친 어느 사업가가 내게 이렇게 물은 적이 있다.

"당신이 무슨 말을 하는지는 알겠습니다. 그런데 당신은 목사이시죠? 만약 내가 예수님을 받아들인다면, 그것은 내 친구 믹을 통해서일 겁니다. 그는 나와 같은 사업가거든요. 우리는 똑같은 스트레스를 받고 살지요. 그와 먼저 이야기를 나눠 보고 싶습니다."

감사하게도 믹은 선교적 그리스도인이었고, 몇 달 후 그의 친구인 이 사업가를 그리스도에게로 인도하였다. 이처럼 사람들은 자기와 비슷한 사람으로부터 복음을 들을 때 마음이 가장 쉽게 열리는 법이다. 그래서 선교사들은 그 나라 사람이 빨리 리더로 자라나 자신들을 대신해 그 나라에 복음을 전하게 되기를 바란다. 동일한 원리가 우리 사회에서도 적용된다. 당신과 비슷한 사람들은 당신의 이야기를 듣기 좋아한다. 유사성이 신뢰도를 높여 주는 것이다.

••• 만약 믿지 않는 친구들이 별로 없다면?

슬픈 현실은 많은 그리스도인들, 특별히 교회의 리더이거나 오랫동안 신앙 생활을 한 그리스도인들에게 믿지 않는 친구들이 별로 남아 있지 않다는 사실이다. 당신도 그러한가? 그냥 알고 지내는 사람 말고 진짜 친구 중에 믿지 않는 사람이 있는가? 함께 여행도 하고, 콘서트에도 가고, 도미노 게임도 같이 하는 그런 친구 말이다. 믿지 않는 사람들이 때로 차에 시동이 걸리지 않거나 집에 파이프가 터졌을 때, 낚시하러 갈 때, 아니면 부부가 주말 여행을 떠나느라 아이들을 맡겨야 할 때 당신에게 전화하는가? 만약 당신에게 그런 불신자 친구가 없다면, 지금이야말로 삶의 방식을 바꿀 때이다.

이어지는 말이 논란의 소지가 있을지라도 유념하길 바란다. 성숙한 그리스도인으로서 믿지 않는 친구들 혹은 가족들과 좋은 관계를 맺기 원한다면 교회 모임에 이제 좀 덜 참석하라. 성경은 다음과 같이 말한다.

"서로 돌아보아 사랑과 선행을 격려하며 모이기를 폐하는 어떤 사람들의 습관과 같이 하지 말고 오직 권하여 그날이 가까움을 볼수록 더욱 그리하자"히 10:24-25.

성도들이 다른 성도들과의 교제에 힘쓸 것을 요구하는 말씀이다. 그러나 믿는 자들이 교회가 주관하는 모든 행사나 활동에 반드시 참여해야 한다는 의미의 말씀은 아니다. 모든 성도들은 영적 냉담으로 이어지는 게으름에 절대로 빠지지 않도록 교회의 적극적인 구성원이 되어야 한다. 우리는 모두 설교를 듣고, 성경공부에 참여하며, 공예배를 통해 스스로를 낮추고, 동역자들과 교제하는 가운데 힘을 얻을 필요가 있다. 그러나 그렇다고 해서 우리의 모든 삶이 교회 중심으로 짜여져 있다면 그것은 합당한가? 비그리스도인들과 진정으로 우정을 쌓기 원한다면 그것은 분명 합당치 않다.

어떤 교회들은 마치 성도들이 믿지 않는 이들과 접촉할 수 있는 모든 기회를 없애 버리려고 작정한 듯 보인다. 그들은 교회에 소속된 스포츠 팀을 후원하고, 교회가 소유한 레스토랑을 열며, 교회가 주도하는 모든 세대와 관심사별 활동을 발전시키면서, 이 모든 프로그램을 수용할 수 있는 건물을 건축한다. "불신자 친구를 데려오라"는 권면에는 약간의 격려가 담겨 있지만, 위에 언급한 활동들은 '세속적인 공동체'에 참여하는 대신 선택하는 '그리스도인의 대안 활동'으로 여겨지고 있다. 이러한 노력에 긍정적인 동기가 작용하는 것도 사실이고, 때로 좋은 열매를 맺기도 한다. 하지만 이렇게 함으로써 비그리스도인들과 좋은 관계를 맺을 수 있는 기회를 놓치게 된다. 이러한 방식을 어떻게 바꿀 수 있을까?

첫째, 교회 공예배에 반드시 참석하라. 당신은 "비그리스도인 친구들과 함께 있다"라는 사실을 핑계로 교회와 가까이 지내라는 말씀을 어길 수 없다. 제아무리 성숙한 사람일지라도 계속적으로 말씀을 듣고, 예배하며, 성경 공부를 하고, 성도와 교제를 나누어야 한다. 이처럼 선교적 그리스도인은 교회 활동에 참여하는 것과 더 많은 이들에게 전도해야 하는 교회의 사명 사이에서 균형을 잃지 않도록 해야 한다.

둘째, 비그리스도인들과 함께 있기 위해 더 많은 시간을 투자하기로 결단하라. 만약 당신이 지금까지 그리스도인의 충성도를 교회 출석율과 동일시했다면, 이 말은 매우 도전이 되는 말일 것이다. 오리건에서 교회를 처음 시작했을 때부터 출석한 메이라는 젊은 여성이 있었다. 그녀는 목사의 딸로 일주일에도 여러 차례 교회에 출석했는데, 그것이 하나님에 대한 자신의 신실함을 드러낸다고 믿는 사람이었다. 한편 우리 교회는 당시 의도적으로 교회에 있어야 하는 시간을 최소화하고 있었다. 모든 성도들이 그들의 지역 사회와 연결되어서 전도할 수 있는 관계를 형성하고, 그들의 네트워크 안에 있는 친구들에게 복음을 전함으로써 교회의 성장을 돕도록 도전하고 있었던 것이다. 하지만 제자가 된다는 것을 '변화된 삶'이 아닌 교회 출석율로 정의하는 메이에게는 이렇게 하는 게 현실과 타협하는 것은 아닌지 혼란스러웠다. 그러나 몇 달이 지난 후에 그녀는 이렇게 말했다.

"저는 제 인생에 그 어느 때보다도 교회에 더 적게 나가고 있어요. 하지만 어느 때보다 더 많은 일을 하고 있는 것 같아요!"

셋째, 비그리스도인들과 관계를 맺으며 투자하는 시간에 대한 당신의 태도를 바꾸라. 사람들은 자신을 전도 대상자나 회심할 가능성이 있는 목표 대상으로 보는 사람과 친구가 되고 싶어 하지 않을 것이다. 만약 당신이 비그리스도인들을 판단하거나 정죄한다고 느낀다면, 그들은 당신과 더 이상 깊은 관계를 맺으려 하지 않을 것이다. 선교적 그리스도인은 죄인들을 포용하지만 죄된 행동은 용인하지 않는 분별력을 배워야 한다. 말하기는 쉽지만 실상은 그렇지 않다. 누군가 외도를 한다거나 과음할 때, 사무실에서 타인의 험담을 하거나 인터넷 음란물에 빠져 있을 때, 자녀들을 방치하거나 혹은 배우자를 학대할 때 등 위와 같은 관점을 유지하면서 죄인으로부터 죄를 분리하는 것이 매우 어렵다.

예를 들어, 숨을 쉬는 것만큼 욕설을 자연스럽게 내뱉는 남자들이 있다. 그들을 보면 같은 단어가 동일한 문장에서 그렇게 다양한 의미로 쓰일 수 있다는 것이 정말 놀라울 지경이다. 게다가 그들은 예수님과 하나님의 이름을 가끔씩 남을 저주할 때 들먹이는데, 이는 참으로 걱정스러운 일이 아닐 수 없다. 그러나 사실 욕하는 것이 진짜 문제는 아니다. 그것은 단지 불안함과 미숙함의 표현일 뿐이다. 열두 살짜리 소년들은 욕을 하면서 자신의 남성다움을 증명하려고 하고 친구들로부터 인정을 받으려고 한다. 성인 남자들도 마찬가지이다. 그러나 여전히 욕설 자체가 문제는 아니다. 내면에 깊이 숨겨져 있는 마음의 문제를 해결하는 것, 곧 예수님을 통해 진정한 삶의 가치를 발견하는 것이 그들에게 가장 필요한 과제인 것이다. 겉으로 드러난 문제가 아닌 한 사람의 진정한 내면의 필요에 초점을 맞추기 위해서는 영적인 성숙함과 감정적인 훈련이 필요하다.

예수님은 버림받고, 따돌림 당하는 사람들의 만찬에 참석하셨을 때, 그들이 가진 인생의 핵심 문제에 집중하는 것이 얼마나 중요한지에 대한 좋은 모범을 보여 주셨다. 예수님에게는 마태라는 제자가 있었는데 그는 당시 사람들이 경멸하던 전직 세리였다. 마태의 친구들도 세리거나 사회의 하층민들이었다. 어느 날 밤, 그는 예수님을 만찬에 초대했다. 성경은 그 장면을 이렇게 묘사한다.

"예수께서 마태의 집에서 앉아 음식을 잡수실 때에 많은 세리와 죄인들이 와서 예수와 그의 제자들과 함께 앉았더니, 바리새인들이 보고 그의 제자들에게 이르되 어찌하여 너희 선생은 세리와 죄인들과 함께 잡수시느냐 예수께서 들으시고 이르시되 건강한 자에게는 의사가 쓸 데 없고 병든 자에게라야 쓸 데 있느니라 너희는 가서 내가 긍휼을 원하고 제사를 원하지 아니하노라 하신 뜻이 무엇인지 배우라 나는 의인을 부르러 온 것이 아니요 죄인을 부르러 왔노라 하시니라"마 9:10-13.

예수님께서 죄인들과 함께 계실 때 누구의 마음이 불편했는지 주목해보라. 바로 바리새인들이었다. 그 종교 지도자들은 예수님이 죄인들과 함께 식사를 함으로써 그들의 법을 어긴 사실에 분노했다. 예수님은 그들에게 자신은 죄인들을 구원하러 왔지, 스스로 의롭다 여기는 자를 칭찬하러 온 것이 아니라고 하셨다. 죄인들과 함께 식사 자리에 있을 때, 예수님은 그들의 영적인 상태에 계속해서 관심을 기울이셨다. 그러나 그들을 따라 죄를 짓거나 자신의 사명을 혼동하셨던 적은 없었다. 죄인들과 식탁에서 교제를 나누는 장면은 예수님께서 그들 사이에 계심을 매우 편하게 느끼셨다는 것과 그들을 받아들이셨다는 것, 그리고 그들에게 친밀감을 가지고 계셨다는 사실을 보여 준다. 선교적 그리스도인은 이와 동일한 영적 자기 수양의 과정을 거쳐야 한다. 비그리스도인들의 행동이 아무리 불쾌할지라도 구원의 필요성에만 초점을 맞추면서, 그들을 사랑하고 또 그들로부터 사랑받을 수 있는 능력을 배양해야 하는 것이다. 말이야 쉽게 들리지만, 말처럼 간단한 일은 아니다.

댄은 자주 아내 메리를 구타했다. 메리는 화장으로 멍을 감추고, 터틀넥 스웨터로 목을 가리고서 내게 상담을 받으러 왔다. 다른 그리스도인 커플인 클린트와 디아나가 예수님이 어떻게 그들을 구원하시고 그들의 결혼을 회복시키실 수 있는지 끈기 있게 설득하며 댄과 메리 부부를 도우려고 애썼다. 그러나 나는 댄에게 너무 화가 나서 도저히 상담을 진행할 수가 없었다. 댄에게는 예수님이 필요한 게 아니라 그를 흠씬 때려 줄 무하마드 알리가 필요했다. 누군가가 학대를 당하면, 그 학대자를 돌아보는 것이 매우 어렵다. 그러나 그럼에도 불구하고 클린트와 디아나는 그들의 감정을 추스를 줄 알았고, 진정한 문제에만 집중했다. 댄의 죄성이 가져온 불안감과 폭력적으로 돌변하는 뿌리 깊은 분노에 집중하면서 끝까지 변함없는 사랑을 보여 준 것이다. 몇 차례에 걸친 개입과 몇 날 밤을 세운 대화를 통해 댄은 마침내 예수 그리스도를 인생의 구주로 영접하게 되었고, 그의 치유는 시작되었다. 댄의 회심에도 불구하고 그들의 결혼 생활 전체를 치유하는 데는 더 오랜 시간이 걸렸다. 메리에게는 댄을 사랑하는 것은 차치하고라도 그를 견뎌 내는 것 자체가 벅찬 과제였기 때문이다.

마지막으로, 어떤 그리스도인들은 "내 삶이 바로 전도다"라고 주장한다. 그것은 불가능한 일이다! 그런 주장을 뒷받침하는 어떤 성경적인 근거도 찾아볼 수 없다. 물론 우리의 삶이 전도하는데 도움이 될 수는 있지만 그것이 전도를 대체할 수는 없다. 예수님은 이렇게 말씀하셨다.

> "너희가 서로 사랑하면 이로써 모든 사람이 너희가 내 제자인 줄 알리라"요 13:35.

의심의 여지 없이, 그리스도인들이 서로 사랑하는 모습은 예수님을 향한 그들의 헌신이 진정한 것임을 강력하게 뒷받침해 준다. 그러나 그 모습 자체가 어떻게 예수님의 제자가 될 수 있는지를 가르쳐 주는 것은 아니다.

복음은 결코 선행을 통해 전해지는 것이 아니다. 복음은 하나님의 말씀과 그 말씀에 대한 사람들의 말, 혹은 그 말씀이 담긴 책 등을 통해 전해진다. 자연이 하나님의 놀라운 손길을 상기시키듯, 그리스도인의 우정도 하나님의 사랑을 잘 보여 주는 도구가 된다. 그러나 그 어떤 것도 예수님의 죽음과 부활하심, 또한 그것이 왜 일어났으며, 어떻게 그 놀라운 권능에 접속할 수 있는지에 대해 가르쳐 주지 않는다.

법정에서 증인은 그의 경험을 증거하거나 정확한 간증을 제공하는 사람이다. 증인은 그가 진리라고 믿는 것을 소리 높여 말한다. 예수님과 주변의 그리스도인 앞에서 헌신된 삶을 사는 것만으로도 많은 이들에게 긍정적인 영향을 미칠 수는 있다. 그러나 당신의 훌륭한 삶만으로는 완전한 복음을 제시할 수 없다. 예수님은 그리스도인의 묵상과 교제에 대해 완벽한 모델을 제시하셨던 분이셨지만, 그는 여전히 자신을 설명하셔야 했고, 자신을 따르도록 사람들을 초청하셔야 했다. 정말 당신의 삶이 대단해서 예수님도 자신의 생애를 통해 이루지 못하신 것을 성취할 수 있다고 믿는가? 절대 불가능한 일이다!

당신은 지금 머물고 있는 그곳으로 파송된 사람이다. 이는 곧 자신의 영향권 안에 있는 사람들에게 의도적으로 다가가 복음을 전하도록 부름받았음을 의미한다. 이제는 당신의 가족과 친구들, 직장 동료들, 함께 운동하는 친구들, 이웃 사람들, 같은 반 친구들이 모두 당신의 선교 대상자들이다. 당신의 일상은 예수님께 자기 삶을 드리려는 사람들을 위해 기도하고, 그들과 더불어 살며, 그들과 대화 나누는 것으로 가득 찬 모험의 시간이 된다. 당신의 역할은 가능한 더 많은 사람들이 하나님께 헌신하도록 돕고, 또 이미 준비된 사람들은 주님께 완전히 자신을 의탁할 수 있도록 격려하는 것이다.

지금까지 나눈 방법 이외에도, 당신이 속한 지역 사회와 연결 지어서 복음을 전할 수 있는 또 다른 좋은 방법이 있다. 그 일이 성공하기 위해서는 선교사들이 쓰는 전략을 빌려올 필요가 있는데, 그것은 바로 '침투 전략'이다. 선교적 생활 방식을 지속적으로 실천에 옮기며 과연 이 말이 무엇을 뜻하는지 알아보도록 하자.

6장

선교사처럼 세상으로 나아가라

공공 분야에서도 선교적 사명을 감당할 수 있도록 성도들을 동원하는 문제에 대해 이야기 나눌 때, 어느 교회 지도자가 이렇게 말했다.

"지역 사회를 품는 것이 얼마나 중요한지는 아무리 강조해도 지나치지 않습니다. 우리 교회에도 이와 관련한 정말 흥분되는 사례가 있습니다."

이어서 그는 한 이야기를 들려주었다. 자신의 교회에 다니는 어떤 자매가 미혼모를 돌보는 사역에 대한 강한 열망을 품었다는 것이다. 그녀는 교회 안의 사업가들을 설득해서 위원회를 구성해 이 프로그램을 홍보했고, 그 후 집 한 채를 빌려서 몇 명의 여성들을 돌보기 시작했다. 한 명이 두 명으로 늘어났고 그 과정에서 아이들이 태어나고, 그 아이들이 건강하게 양육되기 시작하면서 사역은 급격히 성장하였다. "바로 이것이야말로 우리가 지역 사회를 상대로 선교할 수 있는 좋은 모델입니다" 하고 그는 힘주어 말했다.

글쎄, 과연 그럴까? 그것은 교회가 긴급한 필요에 반응해서 시작하는 사역의 좋은 예는 될 수 있을지 모르지만, 성도들이 지역 사회에서 어떻게 하면 선교적 삶을 살아갈 수 있을지 보여 주는 좋은 예는 아니다. 이렇듯 대부분의 그리스도인들, 특히 교회 지도자들이 교회의 행정 영역과 사역 조직을 벗어난 선교적 참여에 대해 올바르게 이해하지 못하고 있다. 많은 그리스도인들, 특히 오랫동안 신앙 생활을 한 그리스도인들은 사회 봉사 활동을 복음 전도의 최우선적인 방법으로 인식하는 데 어려움을 겪는다. 기독교 내에 전해져 온 생각의 틀을 깨는 것은 그만큼 어렵다.

··· 비눗방울 속에 사는 그리스도인들

그리스도인이 되기 이전에, 당신도 어쩌면 지역 사회에 기반한 폭넓은 관계를 맺고 있었을지 모른다. 예를 들어, 회사의 야구팀이나, YMCA의 도자기 제작 수업, 혹은 자녀들이 다니는 학교 수업에 봉사자로 활동했을 수도 있다. 그러다가 대다수의 그리스도인들처럼 생활 습관이 바뀌고 점점 교회 중심의 생활을 하게 되었다면, 이와 같이 교회 밖에서 만난 사람들과의 관계는 그만 끊어지고 말았을 것이다. 때때로 그것은 건강하고 필요한 변화이기도 하지만, 한편으로는 복음을 들어야 할 사람들로부터 우리를 멀어지게 만드는 결과를 초래한다.

그리스도인의 성품을 함양하고 성도의 교제에 대한 성경의 명령에 순종하기 위해 생활 습관을 바꾸는 것은 중요하다. 주님께 당신의 삶을 헌신했을 때는 부도덕한 친구들과 어울리는 것을 즉시 멈추어야만 하고, 성경의 분명한 가르침과 대치되는 행동들도 피해야만 한다. 그렇지 않으면 죄된 생활 습관은 고착되고, 영적 민감성은 사라져 결국 영적 성장이 멈춰 버리게 되기 때문이다. 또한 이전에 너무 중요하게 여기던 활동 중 어떤 것들은 중단할 필요가 있다. 그 활동 자체가 악한 것은 아니지만 지난날 당신의 삶의 우선순위를 망가뜨렸던 것처럼 영적 발전에 저해가 되기 때문이다. 당신의 마음을 온통 빼앗아 가는 어떤 활동도 우상이 될 수 있다.

<u>카니는 여자 소프트볼 코치로서 우수한 팀 선수들과 거의 주말마다 함께 연습을 하거나 여행하며 시간을 보냈다. 그는 그리스도인이 된 후, 영적 성장에 관심을 쏟으면서 교회에 소속하게 되었고, 가족들과 더 많은 시간을 보내기 위해 이전의</u>

코치로서의 삶을 내려놓았다. 그러나 그는 잠시 시간이 흐른 뒤, 시간을 더 잘 안배해서 코치 일을 다시 시작하게 되었고, 선수들과 또 그들의 가족들과도 좋은 관계를 맺으며 그의 풍성한 삶을 간증할 수 있었다. 카니와의 관계를 통해 몇 명의 십대 아이들이 예수님을 믿게 되었다.

오늘날 교회는 동네의 운동 시설을 대체하기 위해 문화 센터를 짓고, 세상의 운동 경기를 대체하기 위해 기독교 운동 리그를 주최하며, 지역 사회가 운영하는 프로그램의 대안으로 노인 복지 활동을 시작하기도 한다. 교회들은 또 지역 사회 프로그램을 교회 버전으로 재구성하기도 한다. 위탁 아동 프로그램 대신 어린이집, 공립 학교 대신 기독교 학교, 혹은 노숙자들을 위한 정부 보조기관 대신 노숙인 쉼터 사역을 펼치는 식이다. 이와 같은 교회 중심의 모든 사역 활동들은 제한적이고 여과되지 않은 방법으로 세상과 소통하는 기독교의 하위 문화를 구성하고 있다.

교회가 이러한 활동들을 하는 것이 잘못된 것은 아니지만 의도하지 않게 지역 사회에 사는 비그리스도인들로부터 그리스도인들을 고립시키는 결과를 초래할 수 있다. 그러면 이제 "지역 사회 활동에 참여한다"라는 말은 그저 '지역 사회를 위한 교회의 사역을 돕는 것'을 완곡하게 표현한 것에 불과하게 된다. 이 두 표현은 비슷하게 들릴지 모르겠지만, 결코 같은 말이 아니다. 전자는 선교적 삶을 살고자 할 때 꼭 필요한 것이다. 후자는 비록 좋은 의도를 가졌지만, 잃어버린 영혼들 가운데서 선교하며 사는 삶을 대체함으로써 그리스도인 스스로를 고립시키는 활동이 될 수 있다. 교회와 선교 단체 지도자들을 포함한 많은 그리스도인들은 기독교 하위 문화를 벗어나 선교적 삶의 방식을 다시 되찾을 수 있도록 반드시 의도적인 선택을 해야만 한다.

그리스도인들에 둘러싸여 사는 것은 마치 거대한 비눗방울 속에 사는 것과 같다. 잃어버린 영혼들에게 다가가기 원한다면 그 비눗방울 속에서 벗어나야 한다. 기독교 하위 문화를 벗어난다는 것은 예수님에 관한 좋은 소식을 가지고 당신이 가진 인적 네트워크 속에 파고들어 감으로써, 자신의 삶에서 사람들을 만나 전도하는 것을 의미한다.

••• **침투 전략 적용하기**

오늘날의 교회와 그 사역을 지지하는 대부분의 그리스도인들은 복음을 지역 사회에 소개할 때 사람들을 끌어들이는 '초청 전략'과 '참여 전략'에 모든 관심을 집중시킨다. 이 두 가지 개념을 먼저 정의해보자.

'초청 전략'은 비그리스도인들을 초청하여 그들에게 예수님을 소개할 수 있도록 행사나 프로그램을 기획하는 것을 말한다. 친근한 예배 프로그램이나 기독교 카페 같은 것들이 '초청 전략'의 일례라 할 수 있다. 그것들은 비그리스도인들에게 교회 공동체를 관찰할 수 있는 기회를 제공하기 위해 계획된 것이다.

한편 '참여 전략'은 각종 사역의 범위를 비그리스도인들에게까지 확대하여, 그들에게 예수님을 전하도록 계획하는 것이다. 예를 들어, 교회가 주관하여 운동회를 개최한다든가 인근 동네에서 파티를 주관하는 것 등이 '참여 전략'에 해당된다. 이 프로그램들은 비그리스도인들을 초청해서 그리스도인과 여러 활동을 함께하며 교제를 나눌 수 있게 해준다.

'초청 전략'과 '참여 전략' 모두 나름의 역할이 있기 때문에 포기해서는 안 된다. 그러나 기독교가 한물가버린 종교로 전락하고 이제는 기독교 문화라고 할 것도 남아 있지 않은 북미 대륙을 그러한 전략으로 복음화하려는 것은 적절하지 못하다. 이제부터 나눌 '침투 전략'이야말로 교회들이 적극 시행해야 하고 교회 지도자들이 진심으로 격려해야 마땅한 방법이다.

침투 전략이란 무엇인가. 또한 그것은 초청 전략이나 참여 전략과 어떻게 다른가? 침투 전략은 그리스도인을 비그리스도인들이 활동하는 문화 영역으로 파송하여 그들과 공감대를 형성하며 복음을 전하도록 하는 전략이다. 이 세 가지 접근법의 차이를 분명히 이해할 수 있도록 다음 내용을 한번 살펴보자.

예를 들어 지역 사회를 위해 교회가 후원하는 야구 리그를 시작하는 것은 초청 전략이고, 지역 사회가 후원하는 야구 리그에 참여하도록 교회가 후원하는 야구팀을 창단하는 것은 참여 전략이다. 반면 침투 전략은 당신이 다니는 회사의 야구팀에 참여해서 같이 연습하고 경기하고, 그리고 경기가 끝난 후까지 남아 있는 것이다. 또 다른 예를 들어 친구를 주일 학교에 초청하는 것은 초청 전략이고, 당신의 직장에 성경 공부 모임을 조직하고 친구들을 초청하는 것은 참여 전략이다. 그리고 당신이 회사의 사목으로 지원해서 직장에서 복음을 나눌 수 있는 기회를 모색하는 것은 침투 전략이다. 예를 하나 더 들자면, 어린이 집을 시작하는 것이 초청 전략이고, 교회가 위험에 노출된 아이들을 위한 상담 프로그램을 후원하는 것은 참여 전략이다. 그리고 아이들을 입양하는 것은 침투 전략이다.

많은 그리스도인들에게 침투 전략을 적용한 생활 방식은 초청 전략이나 참여 전략에 참여하는 것보다 더욱 어렵게 느껴진다. 거기에는 몇 가지 이유가 있는데, 주로 침투 전략 자체가 가지고 있는 성격과 관련이 있고, 또한 앞의 두 가지 전략에만 역점을 두어 온 교회 중심의 전통 때문에 어렵게 느낄 수 있다.

그리스도인들에게 주도권이 없다. 침투 전략이 어려운 이유는 그러한 행위가 이루어지는 장소에서 그리스도인들이 주도권을 가지고 있지 않기 때문이다. 위에 있는 목록에서 침투 전략

때 나타나는 공통점들을 살펴보기 바란다. 교회 위원회나 기독교 리더십이 아닌 누군가 다른 사람이 규정을 정하고, 시간을 좌우하며, 정책을 결정하고, 그리고 무엇보다 그들이 그 조직이나 프로그램의 윤리적 기준을 결정한다는 것이다. 이것이야말로 자신의 핵심 가치와 정반대되는 세속화에 위협을 느끼는 많은 그리스도인들이 염려하는 바이다. 그러나 사실 선교사들은 늘 그러한 환경 가운데 살아가고 있다. 선교적 그리스도인들도 자신들이 상황을 통제할 수 없는 환경 속에 살면서 세속적인 사람들에게 본을 보이며 복음을 전하는 삶의 방식을 기꺼이 받아들여야만 한다.

> 릭은 동네 커피숍에서 일한다. 그 커피숍은 기독교 사업장이 아니다. 그래도 릭에게는 아무런 문제가 없다. 그는 동료 직원들에게 친구가 되어 주고, 그들에게 예수님에 대해 전한다. 그는 비그리스도인들 사이에서 계속해서 일할 수 있는 기회를 잃지 않으려고 교회에서 일하지 않겠느냐는 제안을 거절했다. 그는 주일에는 활동적으로 교회에서 봉사를 하지만, 오로지 기독교 친구들 속에서 사회 활동을 하는 '비눗방울 속의 남자'가 되기를 거절한 것이다. 그는 돈을 벌기 위한 목적으로 일터에 가는 것이 아니라 복음을 들어야 할 사람들과 친구가 되기 위해 가는 것이다.

톰은 지역 스포츠 리그의 이사회 회원이다. 대부분의 회의는 많은 욕설과 이기적인 결정들, 잡담, 그리고 미성숙함과 가식으로 가득찬 언행과 행동으로 끝까지 자리를 지키고 앉아 있기가 민망할 정도이다. 뿐만 아니라 톰 이외에 나머지 회원들은 모두 여자이다! 차라리 그의 교회에 속한 스포츠 프로그램을 감독하는 위원회에서 섬기는 것이 훨씬 더 기분 좋은 일일 것이다. 그러나 그는 신실한 그리스도인의 본을 보이며 친구들을 사귀고, 복음을 전하면서 지역 사회에서 맡은 일을 계속 감당하고 있다. 그는 언젠가 말했다. "모든 모임이 끝나고 나면 집에 와서 꼭 샤워를 해야 할 것 같았다." 선교적 그리스도인은 복음을 전달하기 위해 시궁창 같은 문화 속으로도 마구 뛰어들어야 하는 것이다.

너무 많은 그리스도인들, 심지어 교회의 리더십과 장차 리더가 될 사람들도 교회 밖에서 일하고 교제하는 것의 중요성을 깊이 깨닫지 못하는 것 같다. 내가 총장으로 재직하고 있는 신학교의 캠퍼스는 정치적으로 매우 자유주의적이고, 종교적으로 무관심하며, 세상 철학으로 가득 찬 샌프란시스코 베이에리어에 위치해 있다. 거기에는 교회가 그다지 많지 않고, 복음주의자들의 비율도 3퍼센트를 채 넘지 못하기 때문에 대형 교회도 몇 곳 없다. 대학 진학을 앞둔 학생들이 우리 지역을 방문하면, 그들은 흔히 두 가지 반응을 보인다. 한 부류는 기독교 학교나 레크레이션 프로그램, 탁아 시설, 혹은 활발한 교회 사역 없이 어떻게 자신들의 신앙을 지켜 나갈 수 있을지, 즉 아직 떠날 준비도 되어 있지 않은데, 그동안 거하던 안전지대를 벗어나 어떻게 이런 곳에서 살아남을 수 있을지 걱정한다. 이러한 학생들은 보통 우리 학교를 선택하지 않는다.

한편 지역 사회를 섬김을 강조하는 학교 정책에 매료되어 우리 학교를 찾는 부류가 있다. 그들은 우리 학교에 기독교 문화 사역이 없기 때문에 자신들이 스스로 지역 사회의 문화에 적극 참여해야만 하고, 그렇게 함으로써 비그리스도인들과 관계를 맺어 갈 수 있음을 이해한다. 자신이 그저 우연히 그곳에 머무는 것이 아니라 파송되었음을 인지하고 있는 그리스도인들은 자신의 역할이 비그리스도인들의 문화적 네트워크와 시스템 안으로 침투해 들어가는 것임을 알고 있다. 이와 동일한 환경 속에 있는 그리스도인들도 자신의 환경을 영적 기회의 보고로 여긴다. 선교적 그리스도인들은 선교사처럼 예수님을 따르는 사람들이 극소수인 곳에서 살아가기를 마다하지 않는 것이다.

그리스도인들은 타협을 두려워한다. 침투 전략이 어려운 것은 그리스도인들이 세상의 문화에 의해 오염되는 것을 두려워하기 때문이다. 또한 욕설을 듣고, 술잔이 도는 곳에서 음식을 나누며, 흡연실에 앉아서 도가 지나친 농담을 듣고, 세속적인 사람들과 사귀는 것을 불편하게 여긴다. 그래서 자신이 속한 문화 속으로 침투하기보다 그들의 공격으로부터 안전하게 보호받기를 선호한다. 그리스도인들은 또 동일한 가치를 공유하지 않는 사람들이 모인 단체나 혹은 기관에서 섬기기를 꺼려 한다.

그러므로 그리스도인들이 파송된 현장에서 개인적인 경건을 유지할 수 있는 방법에 대해 많은 의문이 생겨난다. 우선 죄된 행동을 하는 사람들과 친구가 되는 것이 과연 그리스도인의 규범을 어기는 것일까? 결코 아니다. 예수님은 죄인들 가운데서 생활하는 모범을 보이셨지만, 죄는 없으셨다. 인생에서 잘못된 길을 선택하는 사람들과 관계를 맺는 것이 스스로 그러한 잘못을 저지르는 것과 같은 일은 아니다. 선교적 그리스도인들은 상대의 행동이 아닌, 그들이 누구인가에 근거해 비그리스도인들과 관계를 맺어야 한다. 다시 말해 각 사람 모두 하나님이 사랑하시는 존재라는 데 초점을 두고 관계를 맺는 영적 훈련을 할 필요가 있다.

복음을 들고 세상의 문화 가운데로 침투해갈 때, 당신은 상대를 판단하지 않고 있는 모습 그대로를 받아들이는 법을 배워야만 한다. 그러면 당신은 그들의 부적절한 행동이 그들의 전부가 아니라는 것을 알기에 그들의 잘못된 모습에도 불구하고 그들을 여전히 사랑할 수 있게 되는 것이다.

하지만 믿지 않는 사람과의 우정을 발전시키고 복음을 세상 가운데로 들고 들어갈 때 한 가지 주의 사항이 있다. 그것은 당신이 유혹을 충분히 이겨낼 만한 능력을 갖추기 전에는 그것을 피해야 한다는 것이다. 예를 들어 만약 당신이 회심 전에 도박 중독자였다면, 세상 문화에 참여한다는 명목으로 카지노를 방문하는 것은 결코 좋은 생각이 아닐 것이다. 신앙을 가진 지 얼마 되지 않은 그리스도인들은 과거의 행동들과 때로는 그 일에 함께 동참했던 친구들로부터 완전히 단절됨으로써 옛 습관을 철저히 깨뜨려 버려야만 한다. 이것은 어쩌면 영적인 성장기에 일시적으로 내려야 할 결정에 불과할 수 있지만, 만약 유혹을 이겨 내지 못한다면 평생 그러한 사역 현장을 피해야 할 수도 있다. 선교적 그리스도인들은 비그리스도인들에게 접근하려고 할 때 유혹을 이겨 낼 수 있고, 또 피해야 할 상황이 무엇인지 인지할 수 있을 만큼 성숙한 믿음의 소유자여야 한다.

또한 그리스도인으로서 반드시 하지 말아야 할 행동들이 있음을 기억해야 한다. 예를 들어, 내가 남자들을 전도할 때 애용하는 장소는 그들이 술을 마시는 식당이다. 그들이 술을 마실 때 그들과 같이 있는 것은 내게 문제가 되지 않는다. 나는 그들과 함께 있지만 어떤 것도 타협하지 않고, 나를 유혹하는 술도 마시지 않는다. 그러나 다른 장소라면 문제가 될 수도 있을 것이다. 만약 그들이 저녁을 먹고 나서 스트립쇼를 보러 가자고 한다면, 나는 거절할 것이다. 그런 환경은 나의 도덕적인 순결을 더럽히고, 교역자로서의 신실함을 잃게 만들고, 결국 나의 결혼 생활도 파탄나게 할 것이기 때문이다. 비그리스도인들과 교제함으로써 세상 문화 가운데 침투하는 전략을 사용한다고 해서 죄를 짓거나 부적절한 행위를 정당화할 수 있는 것은 아니다. 이와 같이 위태로운 선 위를 바르게 걷기 위해서는 영적인 분별력과 개인적인 훈련이 반드시 필요하다.

믿음에 대한 자신감이 부족한 그리스도인들이 많다. 많은 그리스도인들이 침투 전략을 어려워하는 이유는 낮은 영적 자존감 때문이다. 그들은 여러 다른 종교와 이데올로기가 서로 경쟁하는 세상에서 자신이 가지고 있는 신앙의 정통성에 대해 자신감이 결여되어 있다. 그들은 비그리스도인이 교회나 기독교 전반에 대해 적나라하고 비판적인 의견들을 쏟아 부으면 위협을 느끼곤 한다. 세상 속에서 힘차게 일어설 수 있는 생동감 넘치는 믿음이 부족하기 때문이다. 오늘날 제자도라 불리는 프로그램은 지역 사회와 일터에서 그리스도인으로서의 존재감을 선명하게 드러내지 못했다. 한마디로 말해 영적인 힘이 부족한 성도들을 양산해냈을 뿐이다. 이런 종류의 믿음을 '비닐하우스 믿음'이라고 한다. 잘 조절된 환경 속에서만 살아남을 수 있는 믿음이기 때문이다. 복음으로 세상 문화에 침투하려면 영적, 철학적, 그리고 이념적인 거센 반발에도 맞설 수 있는 믿음이 요구된다.

몇 해 전, 큰아들이 미국 남부 지역에서 열린 풋볼 캠프에 참가한 적이 있었다. 주일날 캠프가 시작되기 전에, 우리는 근처 동네에 있는 꽤 큰 교회에서 예배를 드렸다. 몇몇의 십대 아이들이 내 아들을 알아보고, 환영하며 교회로 안내했고, 자신의 지역으로 이사왔으면 좋겠다고 했다. 오리건에 있는 우리 교회의 전체 성도 수보다 그 교회에 있는 고등학생 수가 더 많아 보였다. 점심 때, 나는 큰아들에게 물었다.

"아들아, 너 이렇게 큰 교회에서 많은 친구들과, 특히 자매들과 함께 성장하지 못한 것이 후회되니?"

"아니요. 오리건에서 그리스도인이라고 말하려면 진짜 그리스도인이어야 하잖아요. 세상으로 나아가 그리스도인으로 영향력 있게 살아갈 수 있게 해주는 오리건에서 자라난 것이 저는 좋았어요. 제 믿음을 강하게 해주었거든요"

당신이 있는 방 안에서 당신만 그리스도인이라면 어떤 느낌이 들겠는가? 직장 동료 가운데 당신만 그리스도인이라면 어떻겠는가? 만약 그렇다면 어떤 면에서 좋은 일이다. 그 말은 복음을 삶 속에서 구현하며 예수님의 메시지를 전할 수 있는 기회가 당신 앞에 넓게 열려 있음을 뜻하기 때문이다. 만약 당신이 처한 상황을 긍정적으로 보지 못한다면, 당신의 믿음에 대해 왜 자신감이 부족한지 자문해보라. 영적으로 해결되지 않은 문제가 있는가? 당신 안에 계신 그리스도의 영을 살아나게 만드는 성경공부와 말씀 암송을 통해 그 문제를 해결하기 바란다. 지적인 궁금증이 있는가? 당신의 궁금증을 풀어 줄 건강한 기독교 변증 자료들을 연구해보라. 영적인 연약함으로 방황하고 있는가? 하나님의 은혜와 성령님의 능력 주심에 초점을 맞추어 보라. 신실하지 못한 삶, 다시 말해 자신의 믿음대로 살지 못하고 믿지 않는 친구들 사이에서 당신의 믿음에 대한 신뢰를 깎아내리고 있는가? 그럼 이제 변명은 그만하고, 당장 당신의 행동을 변화시켜라!

그리스도인의 믿음은 개인을 온전히 변화킬 수 있고, 지적으로도 충분히 방어할 수 있을 뿐 아니라, 영적인 능력도 공급해 준다. 우리는 날마다 힘차게 살아갈 수 있는 실질적인 도움을 얻는 것이다. 당신은 당신의 영향력 안에 있는 사람들 앞에서 침묵하지 않고, 담대히 복음을 전달할 수 있도록 영적 자신감을 개발할 필요가 있다. 선교적 그리스도인은 영적인 환경이 어떠하든지 상관없이 진정한 믿음을 가지고 자신 있게 복음을 전한다.

교회들은 세상 속으로 침투하는 삶의 방식을 그다지 환영하지 않는다. 또 침투 전략이 어려운 또 다른 이유는 교회와 교단 지도자들이 세상 속으로 침투하는 방식을 택하는 사람들을 환영하지 않기 때문이다. 그들은 교회에서 일어나는 일, 예를 들어 출석, 침례, 그리고 헌금이나 비그리스도인들을 위해 기획된 교회 프로그램을 통해 일어나는 일들을 환영할 뿐, 오래도록 복음을 들고 지역 사회로 침투하기 위해 애쓰는 그리스도인들을 환영하지 않는다. 그들은 지역 사회로 파송되었다는 것을 교회가 후원하는 지역 사회를 위한 아웃리치에 참여하게 되었다는 것과 동일시하면서, 오로지 그들이 통제할 수 있는 프로그램과 프로젝트만을 홍보한다.

한편 이러한 경향에 완전히 반발하며 지역 사회 스포츠 프로그램에 참여한 성도들을 환영하며 축복하는 교회도 있다. 그들은 이렇게 복음을 전하는 가족들이 더욱 전략적으로 일할 수 있도록 돕는 지원 그룹을 만들었다. 그들이 교회가 중심이 된 스포츠 아웃리치 프로그램을 만든 것이 아니라는 사실을 주목하자. 교회 지도자들은 이 사역자들이 세속적인 리그에 계속적으로 몸담고 있도록 격려한다. 교회는 월례 기도 모임을 만들었고, 성공 사례를 나누었으며, 어려운 상황을 타개할 방법을 함께 모색했고, 운동 선수와 그 가족들에게 전도지를 나누어 주었다. 그러다 어떤 사람이 예수님을 믿겠다고 하면 즉시 지원 그룹에 연결시켜 주었다. 그리고 프로그램에 소속된 어떤 사람이 예수님을 믿겠다는 사실을 공예배에서 선언하게 되면, 교회 지도자들은 그 새신자의 결단이 사실은 교회에서 파송되어 지역 사회 스포츠 팀에서 활동했던 성도들의 노력의 열매였음을 강조하였다.

또 다른 교회는 그와 같은 헌신으로 나라에서 자녀를 가장 많이 입양하는 기관이 되었다. 교회에 속한 가정들이 훈련받고 파송되어, 국가가 후원하고 운영하는 입양 제도에 참여하게 되면, 교회는 즉각 지원 그룹을 만들어 문제 해결에 도움을 주고, 성공적인 양육이 이루어질 수 있도록 조력하였다. 그들이 동일한 사역을 교회 안에 만든 것이 아니라는 사실에 다시 주목하기 바란다. 대신 교회는 그 나라에 입양 가족을 제공하는 주요 원천이 되었고, 사회 지도층에게 받아들여짐으로써 지역 사회에서 전인미답의 영역 개척에 결정적인 영향력을 미친 것이다.

생명력 넘치는 신앙을 가진 그리스도인들은 공립 학교와 스포츠 프로그램, 상공회의소, 공장 작업장, 컨트리클럽, 입양 기관, 그리고 그 밖에 셀 수 없이 많은 분야에 복음을 들고 잠입해 들어갈 수 있다. 이러한 길을 선택하는 성도들은 교회 지도자들에 의해 비판받을 것이 아니라 축복받아야 마땅하며, 사도적 사명을 감당하는 선교사로 인정받아야 한다. 이러한 그리스도인들은 그저 사회복지사나 영적인 활동가가 아니다. 그들은 의도적으로 예수님을 모든 사람에게 소개하기 위해 애쓰는 복음의 전달꾼인 것이다. 그들은 자신이 머무는 장소에서 단지 영적으로 존재하는 것 이상의 역할을 한다. 그들은 예수님에 대해 이야기를 나누고, 영혼들을 구원으로 이끌며, 제자를 삼는다. 그들의 사역의 열매가 분명해질 때, 지혜로운 교회의 지도자들은 그 승리를 축하하고 다른 이들도 그러한 노력에 동참할 수 있도록 격려해야 한다.

침투 전략 실행하기

선교적 그리스도인들은 자기 자신을 세상 문화 속으로 파송했다고 간주한다. 그리스도인들은 각자 공부하고 일하고 또 살아가면서 이미 학교와 회사와 이웃에 몸담고 있다. 그저 교회 담장 밖으로 나올 필요가 있을 뿐이다. 비록 여러 해 동안 기독교 하위 문화에 물들어 있어서 다소 제한적일 수는 있겠지만, 모든 그리스도인들은 인적 네트워크를 가지고 있다. 지역 사회와 연결되어 더욱 선교적 삶을 살기 원한다면 다음 두 가지 방법을 사용할 수 있다. 일상적인 삶의 양식을 유지하면서 현재 맺고 있는 인간관계를 더욱 강화하든지, 아니면 새로운 인간관계를 맺는 것이다. 두 가지 선택 방안의 예들을 살펴보면서 당신이 속한 세상에 복음으로 침투해 들어갈 수 있는 방법에 대해 알아보도록 하자.

조지는 그의 삶을 예수님께 헌신했지만, 취미 삼아 하던 자동차 경주를 계속하기로 했다. 그는 친구들에게 그의 회심에 대해 소개했고, 그들에게도 예수님을 따르라고 격려하기 시작했다. 또한 그의 팀은 카레이싱을 하는 친구들을 교회 친구들과 연결시켜 주기 위해 교회 주차장에 모터쇼를 준비했다. 여기서 차이점을 주목하기 바란다. 조지는 믿지 않는 그의 친구들을 교회 친구들과 연결시키고자 할 때 세상 친구들을 교회 친구들의 활동 영역에 초대한 것이 아니라 세상 친구들의 활동 영역에 교회 친구들을 초청했다. 그는 복음을 나누기 위해 이미 지니고 있는 인맥을 최대한 활용한 것이다.

젊은 엄마인 리사는 새로운 지역으로 이사를 갔고 거기에서 그녀와 비슷한 처지의 여성들을 만나 교제 나누기를 원했다. 물론 교회 유치부 엄마들의 모임에 나갈 수도 있었다. 그것이 잘못된 것은 아니니까. 그러던 중 리사는 근처에 있는 교회에서 비그리스도인들도 참여할 수 있는 기독교 중심의 프로그램을 운영하고 있다는 것을 알았다. 그러나 리사는 예수님을 알지 못하는 더 많은 여성들을 만나기 원했다. 그래서 그녀는 인근 지역 문화 센터에서 운영하는 놀이 모임에 자녀들을 보냈다. 그녀는 거기서 십여 명의 여성들을 만나 좋은 친구가 되었다. 만남의 횟수가 늘어가면서 그녀는 그들 중 그리스도인이 아무도 없다는 사실과 심지어는 그들이 교회와 어떤 관계도 맺어 본 적이 없다는 사실을 발견했다. 선교적 그리스도인으로서 살아온 그녀에게 이것은 관계 전도의 금맥을 발견한 것과 같았다. 리사는 삶의 문제와 압박, 그리고 좌절에 대해 나누는 여성들과 격주로 접촉할 수 있는 기회를 갖게 되었다. 이러한 문제에 대한 해결 방법으로 그들에게 자신의 신앙을 제시하는 것은 조금도 어렵지 않았다. 간간이 아이들이 저지른 귀여운 사건으로 웃기도 했지만, 예수님에 대한 진지한 이야기는 기저귀 발진이나 산통, 아이들의 성장과 관련된 이슈들과 함께 대화의 좋은 소재가 되었다. 어린이 놀이 모임에 침투한 것은 전도를 목적으로 새로운 관계를 시작하는 좋은 사례가 될 수 있다.

이미 갖고 있는 인맥을 최대한 활용하든, 선교적인 헌신의 일환으로 새로운 관계를 시작하든, 침투 전략을 실행에 옮기는 데 도움이 될 만한 네 가지 원칙이 있다. 이것들은 더욱 효과적인 복음 전파에 도움이 되는 간단한 방법들이다.

• **의도적이어야 한다**

그리스도인으로서 믿지 않는 이들과 함께 살아갈 때, 단지 내가 선하게 살아간다고 해서 그들에게 영적인 영향력을 끼치거나 그들을 변화시키고 구원의 길로 인도하는 것은 아니다. 의도적인 전략만이 진정한 변화를 가져올 수 있다. 가장 간단한 전략 가운데 하나는 믿지 않는 친구들의 목록을 만들고 그들의 구원을 위해서 구체적으로 기도하는 것이다. 이렇게 하면 두 가지 목표를 성취하게 된다. 하나는 성경에 등장하는 많은 사례처럼 하나님께 그분의 의지를 따라 일하시도록 요청하게 되는 것이고3장 참고, 다른 하나는 기도하는 대상자들의 영적 필요에 대해 당신이 지속적으로 민감하게 반응할 수 있게 되는 것이다.

두 번째 의도적인 전략은 친구들에게 전도한 결과와 그 진전에 대해 계속 기록을 남기는 것이다. 랜디는 그가 전도하려고 애썼던 사람들에 대해 기록한 작은 노트를 언제나 자기 차에 가지고 다닌다. 그들의 기도 제목들이 늘어나면서 그 분량도 두 배가 되었다. 그는 누군가와 영적인 대화를 나눌 때마다 반드시 그것을 기록에 남겼다. 또한 복음과 그들의 필요를 적절하게 연결 지을 수 있도록 질병, 가족의 죽음 등 인생의 고통스러운 순간들과 생일, 결혼, 승진 등 중요한 이벤트들도 그 안에 포함시켰다. 물론 인간관계에 대해 충분히 민감해서 영적인 메모장 같은 것을 쓸 필요가 없는 사람들도 있겠지만, 과거에 복음을 전하려 애쓴 시도들과 그동안 있었던 진보의 내용을 기록하는 것은 매우 도움이 된다.

세 번째 의도적인 전략은 필요한 사람들에게 나누어 줄 수 있도록 경건 서적, DVD나 CD, 그리고 웹사이트 주소 같은 것을 미리 준비하는 것이다. 친구들이나 가족들에게 전도할 때, 복음은 흔히 조금씩 점진적으로 전달된다. 내 친구 브래든에게 영적인 질문을 했을 때 그는 매우 열린 태도로 반응하였다. 우리는 20분가량 복음에 대해 대화를 나누었다. 그는 곧 일하러 가야 했기 때문에 나는 그에게 구원에 관해 적혀 있는 전도지를 주었으며 그는 한번 읽어 보겠노라고 했다. 다음번에 우리가 만났을 때 우리의 대화는 그 전도지의 내용을 토대로 계속 이어지게 되었다.

친구가 영적인 문제에 대해 관심을 표현할 때, 그들의 고민과 관련 있는 자료들을 함께 나누는 것은 대화를 자연스럽게 이어갈 수 있는 좋은 방법이 된다. 기도 노트를 가지고 다닌다고 앞서 소개했던 랜디가 이 방법도 가르쳐 주었다. 그는 또 투명 비닐팩에 다양한 인생의 문제에 대해 기독교적인 관점을 소개하고 있는 자료들을 담아 언제라도 금방 나누어 줄 수 있도록 그의 사무실과 차에 비치해 놓았다. 통신이 발달한 요즘은 좋은 대화를 나눈 후에 문자 메시지를 보내거나 유익한 웹사이트를 이메일로 보내 주고, 대화의 결과를 휴대폰에 남길 수도 있다.

- **사람들에게 자신의 시간을 할애하라**

복음을 가지고 사람들과 관계 맺기 위해서는 시간이 필요하다. 회사의 사목으로 헌신했을 때 나는 다른 사역의 제안을 거절해야만 했다. 때로는 가족들과 개인적인 시간의 일부를 따로 떼어 내야만 한다. 이 모든 분야에서 균형을 맞추는 것은 중요하다. 그러나 관계를 형성하고 유지하기 위해 시간을 따로 마련하는 것도 그에 못지 않게 중요하다. 나의 책임 중에 하나는 그때그때 생겨나는 대화에 반응할 수 있도록 시간을 따로 떼어 놓는 것이다. 전화에 응답하고, 문자 메시지와 이메일에 답장을 쓰고,

밥을 함께 먹으며, 상담을 하고, 결혼식과 장례식, 헌아식에 참석하는 일들이 바로 그것이다. 모든 행사를 다 챙길 수는 없지만, 때에 맞추어 응답하는 것은 필수적이다. 복음 전도로 연결할 수 있는 순간을 잡는 것이야말로 전도의 진보를 위해 꼭 필요하기 때문이다.

당신의 일정표에 좀 더 여유를 만들려 한다면, 특별히 매우 바쁜 교회의 지도자인 경우 당신이 어떻게 시간을 사용하는지 한번 평가해볼 필요가 있다. 너무 교회 행사에 바빠서 잃어버린 영혼들을 구원하는 선교 사역에 관심을 쏟을 시간이 없지는 않은가? 만약 그렇다면, 이제 당신은 업무 시간을 재조정할 필요가 있다. 업무 시간을 조정한다는 것은 무엇인가? 새로운 일정을 추가하기 전에 기존 일정에서 무언가를 덜어 내야만 함을 의미한다. 절대로 계속해서 더하기만 할 수는 없기 때문이다. 일정을 효과적으로 운용하기 위해서는 더하기보다 빼기가 선행되어야 한다. 믿지 않는 이들과 더 많은 시간을 보낼 수 있도록 무언가를 추가하기 이전에, 당신은 현재 헌신해서 행하고 있는 일 중 어떤 것을 포기해야 할지 결정해야 하는 것이다.

그럴 때 조금 더 여유롭게 삶을 운용하면 뜻밖에 찾아오는 전도의 기회에 즉시 반응할 수 있다. 어느 날 믿지 않는 스포츠 기자가 공원에서 나를 붙잡더니 식사를 함께하면서 영적인 대화를 나누면 좋겠다고 했다. 그 일은 갑자기 내게 가장 중요한 우선순위가 되어 그 뒤에 있는 다른 소소한 일들은 미뤄지거나 취소되었다. 예상치 못한 기회에 잘 반응할 수 있도록 일정을 여유롭게 운용하는 것은 매우 도전 되는 일일 뿐 아니라 대상자의 스케줄을 따라 움직이며 전도하기 위해 매우 필수적인 일이다.

- **완벽한 삶이 아닌 진솔한 삶을 살라**

사람들은 형식적인 태도를 금방 알아챈다. 복음을 전하고자 한다면 완벽한 삶이 아닌 진실한 삶을 사는 것이 필수적이다. 당신과 함께 살거나 일하는 주변 사람들은 당신의 참 모습을 알고 있다. 그러니 있는 그대로 진실해라. 주어진 역할을 연기하는 사람처럼 살지 말고 순수한 그리스도인이 되어야 한다. 사탄의 거짓말 중 하나는 그리스도인들이 완벽하게 헌신된 삶을 살지 않으면 주변에 자기를 잘 아는 사람들을 결코 전도할 수 없다는 것이다. 이건 절대로 사실이 아니다! 믿지 않는 사람도 당신이 완벽하지 않다는 사실을 알고 있다. 그러니 완벽해져야 한다는 생각 따위는 잊어버려라! 차라리 당신의 실수를 인정하고, 그들에게 사과한 후, 계속 가야 할 길을 걸어가는 것이 백 배 낫다. 그랬을 때 비그리스도인들은 당신의 정직함에 존경을 표할 것이고 더욱 열린 태도를 보일 것이다.

트레보는 직장에서 선교적 삶을 살려고 애쓰는 사람이다.

그는 이 장에서 소개된 몇 가지 원칙들을 적용하고 있다. 그는 직장 상사와 마찰이 있은 후 동료들이 보는 앞에서 버럭 화를 내고 말았다. 게다가 평소에 사용하지도 않던 격한 욕설을 퍼붓고 말았다. 트레보는 낙담한 목소리로 내게 전화해서 이제 직장 동료들을 전도하려고 했던 모든 시도가 다 물 건너갔다며 하소연했다. 나는 이렇게 조언했다. "당신의 행동에 대한 결과를 책임 있게 받아들이고, 내일 회사에 나가 그 일에 대해 사과해라." 그 후 트레보의 직장 동료들의 반응은 정말 놀라웠다. 모두들 "별일 아니야. 그냥 잊어 버려!"라고 그에게 말해준 것이다. 겸손하고 진실한 사과는 갈등을 없애고, 관계를 회복시킨다. 믿지 않는 당신의 친구들도 당신이 완벽하지 않다는 것을 알고 있다. 진실함은 항상 거짓을 이긴다. 그러니 실수를 인정하고 계속 앞으로 나아가라.

- **인내심을 가져라**

침투 전략을 현실화시키는 마지막 단계는 인내심을 갖는 것이다. 때로는 복음을 듣자마자 바로 반응하는 사람들이 있다. 그러면 그들에게 복음을 나누고, 예수님을 믿는 신앙으로 인도한 후에 영적으로 더욱 강건한 제자가 될 수 있도록 훈련시켜야 한다. 그러나 대부분의 경우에는 복음에 대해 마음 문을 열기까지 많은 시간이 걸린다. 전도할 기회를 엿보며 여러 달, 아니 몇 년 동안 기도만 하다가 그만 좌절하기도 한다. 그러다가 마침내 기회를 얻어 전도를 시도하면 그 반응이 시원치 않거나 복음을 거부할 수 있다. 많은 전도자들은 이 시점에 이르러 '실패'라고 생각하고 그만 포기해버리고 만다. 그러나 그럴 필요는 없다.

대부분의 사람들은 오랜 시간이 걸려야만 비로소 복음에 마음의 문을 열게 된다. 하나님은 환경을 주관하셔서 불신자가 자기 자신에 대해 믿는 것을 포기하게 만드시고, 하나님의 사랑을 확신케 하며, 믿음에 대한 저항감을 없애 주신다. 그렇게 결국 어떤 노력으로도 얻을 수 없는 복음을 선물로 받아들이도록 만드시는 것이다. 어떤 비그리스도인은 극적인 계시를 받아 변화되기보다는 동이 터 오듯이 밝아오는 복음의 진리를 서서히 받아들이고, 또 어떤 이들은 정말로 복음이 사람을 본질적으로 변화시키는지 알아보려고 전도자를 관찰한다. 비그리스도인들 가운데는 고집이 세서 혼자 힘으로 살 수 있다고 생각하며 절대로 회개하지 않는 사람들도 있다. 불행히도 그들은 인생의 여러 굴곡을 통해 자아가 깨어질 때 비로소 하나님께로 돌아온다. 당신이 인내심을 가지고 그들을 돌보면 언젠가 그들은 인생의 아픔을 통해 조금씩 구원을 향해 가까이 나아가게 될 것이다.

선교적 삶을 살고자 헌신할 때, 당신은 사람들이 생각보다 복음에 대해 더 많이 열려 있는 것을 발견하게 될 것이다. 30년간 전도를 해본 결과 나는 대부분의 비그리스도인들이 복음과 관련된 대화에 열려 있거나 아니면 적어도 관용적이라는 인상을 받았다. 전도와 관련해서 완전히 부정적인 경험을 했던 적은 사실 한 손에 꼽을 정도다. 대부분의 비그리스도인들은 적절하게 접근하기만 한다면, 종교적인 대화, 즉 그리스도인의 간증이나 예수님에 대한 이야기를 듣는 것에 대해 적대적이지 않다. 우리가 믿음을 나누는데 장애가 되는 것들은 대부분 우리 스스로가 만든 것이지, 우리 주변의 사람들이 만든 것이 아니다. 복음 전도에 방해가 되는 종교적 장벽들은 허물어질 수 있지만, 그 일은 그것을 만든 사람에 의해서만 가능하다. 믿음을 나누고 복음을 잘 전달하지 못하게 방해하는 종교적인 장벽을 당신은 없앨 수 있다. 다음 장은 어떻게 그것이 가능한지 가르쳐 줄 것이다.

7장

선교사처럼 장애물을 뛰어넘어라

예수님께서 흔히 '세리와 죄인들'로 묘사된 비그리스도인들과 함께 시간을 보내실 때, 그 행동에 대해 가장 분노했던 사람들은 종교 지도자들이었다. 마태는 예수님을 따르는 제자가 되었지만 로마인들에게 부역한다는 이유로 경멸당했던 세리였다. 그는 후에 자신의 친구들을 소개시켜 드리기 위해 예수님을 만찬에 초대했다. 그리고 그의 초대에 응하신 예수님께서 죄인들과 함께 식사를 하셨다는 소식을 들었을 때, 당시 최고의 종교 지도자였던 바리새파 사람들은 경악했고 분노했다.

"바리새인들이 보고 그의 제자들에게 이르되 어찌하여 너희 선생은 세리와 죄인들과 함께 잡수시느냐 예수께서 들으시고 이르시되 건강한 자에게는 의사가 쓸 데 없고 병든 자에게라야 쓸 데 있느니라 너희는 가서 내가 긍휼을 원하고 제사를 원하지 아니하노라 하신 뜻이 무엇인지 배우라 나는 의인을 부르러 온 것이 아니요 죄인을 부르러 왔노라 하시니라"마 9:12-13.

예수님은 종교 지도자들이 열등하게 여기는 사람들과의 만남에 사역을 집중하실 것이라고 분명히 말씀하셨다. 그러자 바리새인들이 크게 분노했다. 왜 그랬을까? 그들은 자신들이 하나님 앞에서 의롭다 여김을 받고, 동료들에게도 인정받기를 원했다. 그래서 공동체 내에 경건의 모습을 지킨다는 명목으로 손을 씻고, 개인적으로 정결의 예를 행하는 등 복잡한 의식 체계를 발전시켜 왔다. 구약 성경은 신중하게 음식을 준비할 것과 개인적인 정결을 유지할 것에 대해 강조하고 있는데레 11-15장, 바리새파 사람들은 거기에다가 인간이 만든 율법적인 규칙과 규정을 첨가하였다. 예수님도 종교 지도자로서 그러한 규칙을 따르자면 마태의 친구들과 같이 부정한 사람들과 식탁의 교제는 피하셔야 마땅했다. 그러나 예수님은 바리새인들의 위선을 꼬집으셨다.

"주께서 이르시되 너희 바리새인은 지금 잔과 대접의 겉은 깨끗이 하나 너희 속에는 탐욕과 악독이 가득하도다"눅 11:39.

예수님께서 부정한 사람들과 함께 식사를 하는 것과 자신들의 율법주의를 책망하는 것에 대해 바리새인들은 화가 났고, 시기심에 불이 붙었으며, 궁극적으로 그들은 예수님의 십자가 죽음에 기여했다눅 11:53-54.

복음서 곳곳에서 나타나듯이 예수님에 대한 가장 악의적인 비판은 대부분 그의 제자들과 종교 지도자들로부터 나왔다. 반면 비그리스도인들은 그에게 이끌렸고, 그를 만나길 원했다. 1세기 당시 비그리스도인들과 예수님의 만남에 가장 큰 장애물이 되었던 것은 종교 지도자들이었다. 오늘날도 마찬가지다. 종교인들은 매우 용의주도하게 장애물을 쌓아서 효과적으로 복음을 전하는 것을 막고, 사람들이 예수님께 나아오는 것을 포기하게 만든다. 당신도 이런 장애물을 만들고 있지는 않은가?

다음은 복음 전파에 장애물이 되는 10가지 목록이다. 좋은 소식은 이 문제들에 대한 해답도 우리의 손에 달려 있다는 것이다. 각각의 장애물을 살펴보면서 그에 따른 해결 방안도 함께 제시될 것이다. 이어지는 글을 읽어 나갈 때 자신이 복음 전파를 가로막는 장애물이 아닌 해결책을 제시하는 사람이 되게 해달라고 주께 기도하기를 바란다.

장애물 1 : 전도의 의미를 왜곡하는 것

효과적인 복음 전파를 막는 장애물들 중 한 가지는 "전도란 착하게 살면서 바로 그 착한 행실을 통해 전도하는 것이다"라고 정의하는 것이다. 믿지 않는 자들 앞에서 믿음과 삶이 일치하는 모습을 보이는 것은 매우 중요하다. 삶으로 본을 보이는 것도 전도의 한 부분이다. 때때로, 이와 같은 전도 방식은 다음과 같이 표현되며 많은 인기를 끈다. "어쩌면 당신만이 다른 이들이 볼 수 있는 유일한 예수님일 수 있다", "당신만이 당신의 친구가 읽을 수 있는 유일한 성경일 수 있다." 이러한 감성적인 표현이 당신에게 끊임없이 동기 부여를 해줄 수 있을지는 모르겠지만, 그것은 효과적인 전도 방법에 대해 정확하게 묘사한 것이 아니다.

이 세상에 어느 누구도 심지어 예수님조차도 살면서 자연스럽게 복음을 전하게 되는 삶을 살 수는 없다. 예수님은 인간의 좋은 모범으로 오신 것이 아니라 말씀 자체요 1장가 되어 오셨고, 기쁜 소식에 대해 설교하며 사람들이 그 복음에 반응하도록 촉구하셨다. 이 모든 경우 적절하고 정확하게 그 내용이 전달되기 위해서는 '언어적 행동'이 필수적이었다. 예수님은 비그리스도인들 가운데서 완벽한 삶을 사셨음에도 불구하고 말로 복음을 전하셨다. 그런데 우리가 그저 거룩한 삶을 사는 것만으로 어떻게 복음을 효과적으로 전달할 수 있겠는가? 삶으로 전도한다는 것은 우리의 행동을 통해 복음이 전달되도록 하는 것이 아니다. 그것은 우리가 복음을 전할 때, 언어로 전한 복음의 메시지가 신뢰할 만한 것이 되도록 삶을 살아가는 것을 말한다.

또한 "복음을 증거하며 예수님의 이름으로 남을 섬기는 것이다"라고 전도의 의미를 정의하기도 한다. 섬김이란 "예수께서 앉으사 열두 제자를 불러서 이르시되 누구든지 첫째가 되고자 하면 뭇 사람의 끝이 되며 뭇 사람을 섬기는 자가 되어야 하리라"막 9:35는 말씀처럼 기독교 제자도를 묘사하는 매우 강력한 표현이다. 종의 모습으로 섬기는 전도 프로젝트는 오늘날 더욱 인기를 더해 가고 있다. 이와 같은 정의를 지지하는 사람들은 결국 비그리스도인들을 향한 그리스도인의 태도가 "너희가 서로 사랑하면 이로써 모든 사람이 너희가 내 제자인 줄 알리라"요 13:35고 결론짓는다. 그들은 어쩌면 우리가 그들과 또 서로에게 보여 주는 사랑으로 인해 우리가 그리스도인인 것을 알 수 있을지 모른다. 물론 섬김을 통해 사랑은 표현된다. 그러나 섬김만으로 비그리스도인들로 하여금 어떻게 하면 예수님의 제자가 될 수 있는지를 정확하게 전달한다고 볼 수는 없다. 섬김이 효과적인 전도의 방법이 되기 위해서는 반드시 복음에 대한 설명과 함께 조화를 이루어야만 한다.

광범위하게 퍼져 있는 섬김을 통한 전도 방법 중 하나가 재난 구호이다. 허리케인이나 토네이도, 지진 혹은 쓰나미가 휩쓸고 간 자리에 자원봉사자들이 나타나 지극한 사랑을 보일 때 사람들은 무슨 말이든 들을 준비가 되어 있다. 오랫동안 봉사 활동을 했던 버트는 내게 말했다.

"엉망인 사태를 수습할 때 우리는 항상 사람이 먼저라고 생각합니다."

재난 구호 봉사자들은 재난을 당한 사람들과 대화를 먼저 시도하면서 그들의 염려에 대해 경청하고, 슬픔을 위로하며 약해지고, 깨어진 마음의 그들에게 복음을 전하도록 훈련받는다. 쓰러진 나무들을 세우고, 홍수가 남긴 쓰레기 더미를 치우거나 따뜻한 식사를 제공하는 것은 모두 예수님의 사랑을 증거하는 일이다. 그러나 이러한 행동 자체가 자동적으로 복음을 설명해 주는 것은 아니다. 섬기는 전도자들은 행함을 통해 복음을 전할 수 있는 무대를 만들고, 고통 가운데 있는 사람들이 구원을 얻을 수 있도록 예수님의 이야기를 전한다.

■ **해결책** : 구원 계획에 대한 분명한 설명을 포함하지 않은 전도라면 어떤 재정의도 거부하라. 다음의 핵심 내용을 포함하는 복음의 전달만을 전도의 참된 정의로 받아들여라. 하나님의 사랑, 인간의 죄, 예수님의 죽음, 묻히심, 부활, 그리고 이 사실에 대해 반응할 수 있는 기회와 책임이 바로 그것이다.

••• 장애물 2 : 관용의 참뜻을 오해하는 것

관용은 오늘날 새롭게 정의되고 있다. 이 말은 본래 당신과 다른 생각을 가진 사람에 대해 인내하고 존중한다는 의미로 쓰여 왔다. 하지만 포스트모던적인 사고방식은 이 단어를 어떤 관점이든 모두 다 똑같이 가치 있는 것으로 여기고 수용하는 것으로 재정의하였다. 그래서 관용은 이제 당신이 모든 이념과 교리들을 진리로 받아들인다는 것을 의미하게 되었다. 예를 들어 당신은 예수님만이 구원에 이르는 유일한 길이라고 믿는데, 당신의 친구는 모든 종교가 우리를 천국으로 인도할 수 있다고 믿는다고 가정 해보자. 관용이란 한때 그 친구의 의견을 존중하면서도 상대방이 생각을 바꾸도록 인내심을 가지고 설득력 있게 영향력을 미치는 것을 의미하였다. 하지만 이제 관용은 상대방의 신념이 자신의 것과 똑같이 가치가 있으며 그것이 진리임을 인정하는 것으로 그 의미가 바뀌었다.

그리스도인들은 때때로 남들을 판단하는 죄에 빠지는 것이 두려워 이같은 관점을 받아들이기도 한다. 그들은 "비판을 받지 아니하려거든 비판하지 말라"마 7:1라는 예수님의 경고를 심각하게 받아들인다. 그들은 남들을 판단하지 않고, 그들의 행동이나 신념에 대해 직면하게 되는 일을 회피하거나 연기하겠다고 작심한다. 불행히도, 판단하기를 회피하는 것은 성경적 사고가 아닌 현대 관용의 개념에 더 가깝다. 예수님이 경계하신 '판단하는 행위'는 당신 자신도 지키려고 하지 않는 기준에 맞추어 상대를 평가하거나 혹은 본질적이지 않은 부분에 대한 사람들의 선택을 비판함을 의미했다. 결코 남들의 기분을 상하게 하지 않으려고 기독교의 핵심가치를 희석시켜서는 안 된다.

성경은 이 부분에 대해 매우 분명하다. 복음과 그 원리들은 그 믿음과 행동이 정면으로 배치되는 사람들 사이에서도 타협 없이 전달되어야만 한다는 것이다. 이에 대한 좋은 예는 우물가의 여인과 나눈 예수님의 대화에서 찾아볼 수 있다요 4장. 그녀는 누구나 다 아는 부정한 여인이었고요 4:1-20, 일부러 예배에 대해 논쟁을 시작해서 자신의 문제를 회피하려고 하였다요 4:19. 하지만 예수님은 자신과 의미 있는 관계 가운데로 들어와야만 하는 그녀의 영적 필요에 계속 초점을 맞추셨다. 예수님은 "그래, 나도 너의 선택을 이해한단다. 또한 네가 원하는 대로 예배할 때 하나님을 더 가까이 느낀다면 네가 믿는 것이 다 진리라고 나도 인정하지"라고 말하지 않으셨다. 대신 예수님은 그녀의 부도덕함을 정면으로 지적하셨고, 예배에 대한 논쟁을 시작하기 위해 그녀의 잘못된 행위들을 교정하셨다.

남을 판단한다는 것은 어떤 말이나 행동보다는 태도와 관련이 있다. 예수님께서 여인의 문제를 정면으로 다루실 때, 무언가 남다른 예수님의 접근법이 그녀의 마음에 긍정적이고 깊은 감동을 주었다요 4:29. 복음을 전할 때 당신의 태도에는 반드시 겸손함과 온유함이 배어 있어야 한다. 당신의 말에 깊은 긍휼의 마음이 담겨져 있다면, 아주 적나라하게 그 사람의 문제를 지적하더라도 그것이 진정한 사랑과 관심의 표현으로 받아들여질 수 있다. 전도는 설득하고, 복음을 나누며, 한 사람이 예수님께 대해 온전한 확신에 이르도록 가능한 모든 일을 하는 것이다. 관용에 대한 잘못된 정의 때문에 사람들의 잘못된 신념을 바꾸도록 권고하는 일을 주저해서는 안될 것이다.

- **해결책** : 모든 믿음을 동일하게 가치 있는 것으로 받아들이는 것이 관용이라는 세속적 정의에 단호하게 맞서라. 복음의 진리를 꼭 붙잡은 것이 당신의 뜻과 동의하지 않는 사람을 판단하는 것이라는 사탄의 거짓말에서 자유하라! 복음을 전하되 긍휼한 마음으로 상대에게 다가가고, 그들이 예수님을 따를 수 있도록 적절한 방법으로 설득하는 일에 헌신하자.

••• **장애물 3 : 전도를 너무 복잡하게 생각하는 것**

예수님에 대한 이야기는 단순 명료해야 한다. 그러나 우리는 자주 복음을 실제보다 더 어렵게 만들어서는 의도하지 않게 부정적인 결과를 얻고 만다. 어떤 아프리카 부족들 사이에서는 '미국인'이라는 단어가 "모든 것을 너무 복잡하게 만들다"라는 의미와 동일하게 쓰이고 있다고 한다. 교회와 선교 단체에서 쓰이는 일부 복음 전도 프로그램이 이러한 범주에 속한다. 그들은 수많은 성경 구절과 실제로 복음을 전하기도 전에 예상되는 복음에 대한 수십 가지 반대 질문들에 대한 답을 암기하도록 요구한다. 이러한 훈련이 일부 그리스도인들에게 매우 매력 있게 보일지 모르지만, 대다수에게는 부담을 준다. 복음을 전할 때 이같이 집중적이고, 복잡한 접근법이 주는 미묘한 메시지는 전도는 전문가들만 할 수 있다는 것이다. 전문가들이 그 일을 하도록 내버려 두라는 것이다.

　물론 그리스도인들은 이와 같이 심화된 훈련을 받을 필요가 있다. 복음의 진실성을 뒷받침할 만한 논리를 개발하는 변증가들의 역할은 매우 중요하다. 기독교에 대해 합당한 질문을 가지고 찾아오는 비그리스도인들은 종교적인 문제에 대해 분석하고 논쟁하려고 들기 때문이다. 그들은 적극적으로 자신의 질문과 관심사를 표현할 것이고, 변증가들은 그들에게 진리를 능력 있게 증거해야 한다.

　그러나 복음에 대해 질문하는 대부분의 사람들은 기독교에 대해 지적인 반론을 제기하는 데 별 관심이 없다. 그들의 주된 관심은 개인적인 문제와 그들이 이해하려고 몸부림치는 고통스러운 현실에 기인한 것들이 많다. 그 가운데는 자녀의 죽음왜 하나님은 내 기도에 응답하지 않으셨는가?, 친구를 죽음으로 몰아간 사건왜 하나님은 그러한 일들을 막지 않으셨을까? 아니면 실직왜 하나님은 내게 나쁜 일들이 일어나도록 허락하시는가?과 같은 문제들이 있다. 이러한 질문들을 던지는 사람들은 대개 설득력 있는 주장을 듣고 싶은 것이 아니다. 하나님의 사랑을 확신할 수 있을 만큼 긍휼의 마음으로 전하는 위로의 말을 듣고 싶은 것이다.

전도가 더욱 복잡해지는 또 다른 이유는 우리가 그것을 관계의 밀물과 썰물 속에 일어나는 자연스러운 과정으로 보지 않고 하나의 이벤트로 보기 때문이다. 전도란 대화 가운데 언제든 적절한 기회의 때에 복음을 말하는 것이지 특별히 심방하는 날이나 친구를 보기로 약속한 날 작심하고 전하는 것이 아니다. 전도는 곧 대화이다. 때로 복음의 이러저러한 요소들을 여러 차례에 걸쳐 나누면서 지속적으로 이어지는 대화인 것이다. 물론, 대개는 "어떻게 하면 당신이 하나님을 만날 수 있는지 내게 몇 분간 설명할 수 있는 시간을 내어 주겠어요?"라고 말하게 될 순간이 찾아오게 된다. 그러나 그러한 질문과 이어지는 설명은 비그리스도인이 예수님을 영접할 준비를 하도록 기여했던 수많은 대화들의 정점일 뿐이다. 그러므로 전도는 간단하고, 직접적이며 일상적인 대화의 한 부분으로서 이루어질 때 가장 효과적이다.

■ **해결책** : 복음의 기본과 그것을 전하는 간단한 방법을 배우라. 복음에 대해 비그리스도인들이 제기하는 몇 가지 공통적인 질문에 대해 기본적인 답변을 배우라. 기독교에 대해 반대하며 던지는 질문들은 대부분 지적인 것이 아니라 개인적인 것임을 기억하면서 비그리스도인들의 질문에 정직하게, 긍휼의 마음을 가지고 집중하여 대답하라.

••• **장애물 4 : 그리스도인인 것을 부끄럽게 여기는 마음**

그리스도인들이 복음을 전할 때 또 다른 장애물은 스스로 그리스도인인 것을 부끄럽게 여기는 마음이다. 그리스도인들이 이렇게 느끼는 몇 가지 이유가 있는데, 먼저 몇몇 유명한 그리스도인들이 창피스러운 일들을 저질러서 그리스도인들에게 큰 좌절감을 안겨 주었기 때문이다. 오늘날 잘 알려진 목사가 성적인 죄와 금전적인 죄를 범함으로 모든 그리스도인들에 대한 신뢰까지 함께 추락시키는 일이 번번히 일어나고 있다. 이때 대부분의 비그리스도인들에게는 그 사람이 어떤 교단이나 종교 단체에 속한 사람인지는 그다지 중요하지 않다. 그들은 그리스도인들을 모두 도매금으로 취급하면서 몇 사람의 이미지로 교회 전체를 판단한다. 비그리스도인들과 어렵게 관계를 맺었는데 이후에 유명한 기독교 지도자가 사기꾼이나 범죄자로 밝혀져 그들에게 우리의 믿음까지 비웃음거리로 전락되는 것은 가슴 아픈 일이다.

그러나 때때로 문제는 더 가까이에서 발견되기도 한다. 당신이 예수님을 따르는 자로 알려지게 되면, 사람들은 당신이 그분의 기준에 맞게 살 것을 기대한다. 그들은 자주 당신을 관찰하면서 과연 당신의 믿음이 삶 가운데 얼마나 나타나는지 지켜보려 한다. 그중 일부는 복음을 거부하는 자신의 입장을 정당화시키려고 당신의 삶 속에 나타나는 몇 가지 실수를 잡아내려고 할 것이다. 당신은 여전히 죄로 물든 인간이기에 실수도 하고 때때로 세상과 타협하며 믿음 대로 살기에 실패할 것이다. 특별히 당신의 실패가 공적인 영역에서 일어난다면 정말 당황스러운 일이다. 동료를 욕한다든가 혹은 이웃에 대해 험담하는 것은 당신의 영적인 헌신에 배치되는 일이고, 그리스도인으로서의 명예에도 먹칠을 하는 일이다. 그 결과 당신은 복음 전하는 일에 더욱 주저하게 되는 것이다.

아무리 노력한다고 해도 당신은 완벽한 삶을 살 수 없을 것이다. 기독교 지도자들도 그들 자신과 교회 전체를 부끄럽게 하면서 계속해서 죄를 지을 것이다. 그러나 이러한 실패들이 당신의 전도를 막아서는 안 된다. 그리스도인으로서의 덕은 우리로 하여금 죄를 솔직하게 인정하고 그것이 가져온 부정적인 결과에 대해 사과할 것을 요구한다. 전도의 효과는 당신의 부족함에 대해, 그리고 또 필요하다면 다른 기독교 지도자들의 실패에 대해 솔직하게 인정할 때 강력해진다. 위선이란 자신이 사는 모습과는 완전히 다른 기준을 주장하는 것이다. 약함을 인정하면서 그것에 대한 책임을 인정하는 태도는 위선적인 것이 아니다. 그것은 예수님께 대한 당신의 헌신에 진정성을 나타낼 뿐만 아니라 실수를 인정하는 정직한 태도를 보여 준다. 이미 당신의 불완전함을 알고 있는 구원받지 못한 친구들에게는 겉만 번지르르한 가식보다 정직한 당신의 태도가 더욱 환영받게 될 것이다.

■ **해결책 :** 정직하라. 당신의 행동이 당신의 가치와 일치하지 않았을 때, 그것을 인정하고 사과하라. 대부분의 비그리스도인들은 당신이 자신의 부족함을 인정하고 책임지려고 할 때 무시하기보다는 더 존경하게 될 것이다. 당신의 연약함을 모두에게 드러내지 않고 부인하는 것은 전도자로서 당신의 신뢰에 조종(弔鐘)을 울리는 것이다. 그리스도인으로서 산다는 것은 죄를 어떻게 고백하는지, 깨어진 관계를 어떻게 회복하는지, 그리고 다른 이들을 어떻게 섬기는지에 관해 좋은 본을 보이는 것이다. 기억하라. 부인하는 것은 나쁜 것이다. 정직이 최선이다.

장애물 5 : 보편구원론과 타협하는 것

그리스도인들 가운데 신학적으로 확신을 갖지 않은 사람들이 있다는 것은 충격적인 사실이다. 대부분의 그리스도인들이 구원과 관련한 핵심적인 믿음에 대해서 말로만 동의하다가 압력을 받으면 회심에 필수적인 절대 가치에 대해서는 애매한 말로 초점을 흐린다. 성경은 간단하게 가르친다.

"한번 죽는 것은 사람에게 정해진 것이요 그 후에는 심판이 있으리니"히 9:27.

이 말씀은 하나님께서 친절하게도 당신에 대한 우리의 배신을 모두 눈감아 주신다는 주장을 철폐시킨다. 예수님은 말씀하셨다.

"예수께서 이르시되 내가 곧 길이요 진리요 생명이니 나로 말미암지 않고는 아버지께로 올 자가 없느니라"요 14:6.

말씀대로라면 모든 종교적인 믿음이 우리에게 영원한 삶을 가져다 준다는 사고는 사실이 아니다.

이 말씀들은 구원과 관련하여 성경이 분명히 제시하고 있는 핵심적인 교리 중 하나이다. 사실 이 말씀을 쉽게 이해하기는 힘들다. 그러나 진리를 이해하는 것이 어렵다고 해서 포기해서는 안 된다. 도전받더라도 부드러우면서 단호하게 진리를 고수해야 한다. 성경적인 확신을 고수하는 당신을 속 좁은 근본주의자나 율법주의자 혹은 편협하고 옹졸한 사람이라고 여기는 사람들과 마주하는 것은 고통스러운 일이다. 그러나 비그리스도인의 회심을 요구하는 핵심 교리에 대해 타협하는 것은 매우 위험하다.

만약 진리를 포기하고, "사람들은 본질적으로 선하며 하나님은 우리 모두를 천국으로 인도할 것이다" 혹은 "예수님은 우리들의 친근한 스승일 뿐이다"는 대안적인 결론과 타협한다면 당신은 보편구원론자가 되는 것이다. 당신이 아무리 이 타이틀을 거부한다 할지라도, 신학적인 혼탁함은 자연스럽게 당신을 보편구원론으로 이끌게 될 것이다. 그리고 예수님의 유일무이함과 구원에 이르는 좁은 문은 잊혀져 버릴 것이다. 이와 같이 오류투성이인 주장은 복음 전파를 가로막고, 회심에 대한 부르심을 무용지물로 만든다. 왜냐하면 보편구원론으로 더 이상 기쁜 소식을 나눌 필요도, 구원받을 필요도 모두 사라졌기 때문이다.

■ **해결책** : 만약 기독교의 핵심 교리에 대해 판단이 흔들린다면, 당신의 확신을 강화할 수 있도록 개인적으로 성경을 연구하라. 평범한 그리스도인들을 위해 쓰인 기독교 신학

서적을 탐독하라. 목사님에게 성경공부반 개설을 부탁드리거나 소그룹 성경 공부를 할 수 있도록 교안을 짜 달라고 요청하라. 용기 있게 당신의 확신을 고수하면서, 보편구원론을 주장하며 포스트모던적 상대주의를 강요하는 이 세대의 문화에 굴복하지 말라.

••• 장애물 6 : 전도의 책임과 기회를 회피하는 것

개혁주의자 혹은 칼빈주의자라고 흔히 불리는 어떤 신학자들은 선택론에 너무 집중하여 전도의 필요성조차 없애 버린다. 하나님은 인간을 도구로 사용하시지 않고, 그가 선택한 사람들을 구원하실 거라는 것이 그들의 주장이다. 사실 이러한 극단주의자들은 위에 언급한 개혁주의자라고 불리우는 사람들 중에서도 소수에 속한다. 누구나 구원받을 수 있는 가능성을 무시하거나 각각의 그리스도인들이 믿음을 나눠야 할 책임에 대해 무시하는 어떤 신학 체계도 의심하고 거부하라.

성경은 분명히 "누구든지 주의 이름을 부르는 자는 구원을 받으리라"롬 10:13고 약속하고 있다. 은혜로 말미암아 믿음으로 얻게 되는 구원이 예수님을 믿는 모든 자들에게 열려 있다는 사실만큼 분명한 것은 없다. 세상 모든 사람들이 예수님을 필요로 하며, 그들에게 예수님에 대해 전하는 것은 우리들의 책임이다. 인

간을 통해 복음이 전달되는 것과 관련해 신약 성경은 곳곳에서 개인적 노력과 교회적 헌신을 모두 강조하고 있다. 그리스도인들은 증인이자행 1:8 진리를 말하며 통치자를 대신할 책임을 진 대사고후 5:20로 묘사되어 있다. 이 두 가지 생각, 즉 복음은 모두를 위한 것이며 그것이 전파되는 도구는 인간이라는 사실을 한데 모으면 한 가지 결론에 도달하게 된다. 성도들은 가능한 모든 사람들에게 복음을 전해야 한다는 것이다.

복음을 전해야 할 책임을 희석시키는 또 다른 신학적인 오류는 전도를 전문적인 사역자의 영역으로 간주하는 것이다. 어떤 교단에서는 평신도와 목회자 사이를 분명하게 가른다. 하지만 성경은 둘 사이를 분명하게 구분하지 않았다. 당연히, 초대 교회 당시에도 특별한 역할을 맡은 리더들이 있었고 오늘날에도 교회는 그러한 리더들을 필요로 한다. 물론 목사들과 다른 사역자들이 그들의 믿음을 전달하는 모범을 보일 수 있지만, 모든 성도들도 복음을 전하는 일에 동참해야 한다. 영적인 노동을 질적인 위계질서의 범주에 따라 나누는 어떤 신학적인 체계도 거부해야 한다. 모든 성도들이 맡겨진 기능적인 책임 중에서, 특별히 전도와 관련하여 특정 지위의 그리스도인에게만 맡겨진 일이란 없다. 리더십의 역할이 소수의 사람에게만 주어진 것은 사실이지만, 복음을 전하는 것은 모든 성도들의 특권이자 책임이다.

■ **해결책** : 복음을 전할 당신의 책임과 기회를 희석시키는 어떤 신학적인 입장도 거절하라. 복음은 모두를 위한 것이다. 모든 성도들은 잠재적인 증인인 것이다. 이와 같은 결론에 배치되는 어떠한 교리적 입장도 받아들여서는 안 된다. 당신이 나누는 믿음으로 인해 사람들이 거듭나는 것을 목격하는 즐거움을 그 누구도 빼앗지 못하게 하라.

··· 장애물 7 : 참여보다 전쟁을 택하는 태도

전도에 또 다른 장애물은 세상에 대한 분노이다. 우리 주변에는 분노할 만한 것이 너무나 많다. 뉴스 미디어, 연예 산업, 교육 기관들이 하나같이 그리스도인들이 소중히 간직하는 도덕적 가치들을 약화시키고 있다. 우리는 공격적이며 때론 무력적인 도발도 서슴지 않는 동성애 옹호 그룹과 급진적 환경주의자들, 낙태 허용을 주장하는 자들, 그리고 세계 경제를 위태롭게 하는 지독한 탐욕가들과 마주하고 있다. 그리스도인들은 위협을 느끼면서 이러한 행위들이 다음 세대에게 남길 황폐한 미래를 내다보고 있다.

불행하게도, 어떤 그리스도인들은 다음과 같은 극단적인 반응을 보이기도 한다. 세상 문화로부터 멀리 떨어진 채 자신을 오염시킬 수 있는 비그리스도인들과의 만남을 회피하거나 반대로 분노에 휩싸인 채 대중문화를 공격하면서 자신과 같은 입장을 고수하지 않는 다른 그리스도인들을 정죄하는 것이다. 하지만 이러한 극단적인 태도는 효과적인 복음 전파를 저해한다.

예수님도 화를 내셨다막 3:5 ; 요 11:33. 그러나 그분의 분노는 제자들이나 그가 만난 종교 지도자들을 향한 것이었다. 예수님은 비그리스도인들이나 그들의 생각을 대변하는 대중문화에 대해 결코 화내지 않으셨다. 그분은 죄인들과 정면으로 맞섰지만 그들을 무시하거나 압도하지 않으셨다. 바울은 분노를 품는 것과 관련하여 "분을 내어도 죄를 짓지 말며 해가 지도록 분을 품지 말고"엡 4:26라고 하였다. 야고보는 "사람이 성내는 것이 하나님의 의를 이루지 못함이라"약 1:20고 하였다. 만약 대중문화를 향해 분노한다면, 당신은 비그리스도인들과 관계를 맺으며 지속적인 변화를 일으킬 수 있는 좋은 기회를 놓치게 되는 것이다. 잃어버린 영혼들과 가능한 한 개인적인 관계를 맺는 것이야말로 거듭난 문화를 창조할 수 있는 최고의 기회이다. 세상 문화에 대해 전쟁을 선포하는 것으로는 한 사람도, 그 어떤 문화도 변화시킬 수 없다. 분노의 대상이 되는 사람들에게 복음을 전하는 것은 누구에게나 어려운 일이다.

■ **해결책** : 잃어버린 사람들에 대해 가졌던 판단하는 마음을 회개하라. 문화 변혁의 방법으로 선택한 분노의 마음을

돌이키라. 회심하지 않은 사람들의 행동에 대한 기대감을 낮추라. 비그리스도인들은 영적인 눈이 열리지 않았기 때문에 그들이 형편없는 선택을 한다고 해서 놀랄 필요가 없다. 당신의 가치와 관점에 대해 공격적으로 핍박하는 사람들에 대해 하나님의 긍휼과 자비하심을 구하라. 죄에 맞서되 죄인들은 사랑하라.

· · · **장애물 8 : 자아실현을 삶의 목표로 삼는 것**

현대, 나아가 포스트모더니즘 시대가 중요시 여기는 자기중심적인 문화가 교회 안까지 침투했다. 어떤 사람들은 이미 교회를 잠식해 버렸다고도 한다. 많은 그리스도인들이 육체의 활력과 부를 약속하는 건강 복음과 번영 복음을 선택하고 있으며, 선교하기보다는 자기 이익을 위해 투자하고 있다.

오늘날 많은 그리스도인들은 그리스도인의 삶의 궁극적인 목표가 자아실현이라고 믿는다. 그러나 예수님은 다른 생각을 가지고 계셨다. 예수님은 그를 따르는 자들이 자신의 삶을 드리는 자기희생을 결단할 때 비로소 풍성한 삶을 얻을 것임을 약속하셨다.

"무리와 제자들을 불러 이르시되 누구든지 나를 따라오려거든 자기를 부인하고 자기 십자가를 지고 나를 따를 것이니라 누구든지 자기 목숨을 구원하고자 하면 잃을 것이요 누구든지 나와 복음을 위하여 자기 목숨을 잃으면 구원하리라"막 8:34-35.

불행하게도 많은 그리스도인들이 이러한 가르침을 뒤바꾸어 버렸다. 그들은 자아실현이 그리스도 안에서 그들이 얻은 특권이라고 확신한다. 그들의 최우선적인 목표는 자신들의 필요가 채워지고, 가족들이 돌봄을 받으며, 그들의 교회가 자신들을 더 기쁘게 할 수 있도록 재구성되는 것이다. 그들은 교회 사역들에 아주 적은 비용을 지출하면서 교회 프로그램들이 자신들의 필요를 채워 주는 것에 대해 만족해 하며, 또 다른 이들을 고용해 영적인 일들을 맡기기를 원한다. 교회나 공동체를 변화시키기 위해 어떤 제안이 상정되면 그들은 "그게 우리에게 어떤 도움이 되는데요?"라고 질문한다.

교회는 지구상에서 유일하게 그 구성원이 아닌 그 구성원 밖의 사람들을 위해 존재하는 조직이다. 그리스도인들은 교회를 '나를 위한 교제의 모임'이 아닌 '선교를 위한 교제의 모임'으로 바라보아야 한다. 당신의 관심이 다른 사람들에게 복음을 전하는 것으로부터 나 자신을 편안하게 만드는 것으로 옮겨지는 순간, 당신은 복음 전하는 일을 중단할 것이다. 따지고 보면 더 많은 사람들을 당신의 교회로 이끌어 오는 것은 문제를 더 복잡하게 만들 테니까 말이다. 무엇하러 전도를 하겠는가? 새신자들은 골치 아픈 존재들이다. 그들을 모두 수용하기 위해서는 당신의 생활 방식이나 교회의 일정을 조정해야 하는데, 그러자면 당신의 필요를 제대로 만족시킬 수 없으니, 그저 현 상태를 유지하는 것이 목표가 되고 마는 것이다.

너무 심한 말처럼 들리는가? 그럴지도 모른다. 물론 예수님은 우리들의 깊은 필요를 채우시며 우리가 가능한 한 가장 충만한 삶을 살기를 원하신다. 그 결론에 대해서는 논란의 여지가 없다. 단지 거기에 이르는 방법이 우리를 딜레마에 빠지게 하는 것이다. 예수님은 남들을 섬기고, 그들의 필요를 채우며, 다른 이들의 영적 성장을 돕는 일을 우리 삶의 최우선 순위로 삼을 것을 요구하신다. 그렇게 우리의 삶을 희생하면 우리는 그토록 바라던 충만함을 비로소 경험하게 될 것이다.

교회를 개척하려던 어떤 사람이 용기를 내어서 그 지역의 비그리스도인들에게 "만약 당신이 교회를 가기 원한다면, 어느 시간에 가장 가고 싶으십니까?"라고 질문했다. 결국 그 새로운 교회는 비그리스도인들이 가장 편안하게 생각하는 시간대에 맞추어서 예배 시간을 정했고, 그 교회 성도들도 그 시간에 맞추게 되었다. 그 시간은 주일 아침 11시가 아니었다. 이처럼 비그리스도인을 배려하는 교회의 시도는 교회가 정말로 그들을 섬기고 있음을 그들에게 느끼게 해주었고, 성도들에게도 이러한 결정을 통해 다른 사람들의 필요를 채우는 것이 교회의 본분임을 다시 한번 확인시켜 주었다.

■ **해결책** : 그리스도인의 삶은 당신을 더욱 건강하고 부유하며 행복하게 만들어 주는 자아실현 프로그램이 아니다. 다른 이들을 위해 희생할 수 있는 기회를 얻고, 그 과정 중에서 주어지는 영혼 구원의 기쁨을 발견하는 삶이다. 비그리스도인들을 당신의 교회나 사역에 맞아들일 수 있도록 변화를 수용하라. 하지만 비그리스도인들을 수용하는 것이 불신앙을 받아들이는 것과는 분명히 다르다는 사실을 기억하라. 전자는 선교적 필요를 채우는 것이고, 후자는 건강하지 않은 타협이기 때문이다. 당신의 직장이나 이웃에 사는 비그리스도인들의 필요를 채우는 일에 자신을 헌신하라. 자신의 필요에 집중하기보다 상대의 필요에 더 주목하라. 그러면 복음 전도를 향한 당신의 열정도 더욱 차고 넘쳐 만족감을 느끼게 될 것이다.

••• **장애물 9 : 헌신에 대해 조악하게 정의하는 것**

교회 사역에 참여하는 것은 그리스도인의 교제와 성장에 있어서 매우 핵심적이다. 비록 이 책의 초점은 당신이 좀더 의식적으로 비그리스도인들과 어울리도록 하는 것에 있지만, 그렇다고 해서 모든 교회 사역을 포기하라는 것은 아니다. 당신은 분명히 건강한 교회 사역에 참여해서 예배를 드리고, 성경 공부를 하며, 헌금을 드릴 뿐 아니라 은사를 받은 분야에서 열심히 섬겨야 한다.

그러나 만약 교회 사역에 참여하는 것을 그리스도인의 헌신이나 제자도와 동일시한다면 문제가 있다. 오늘날 교회 사역을 지원하는 것이 제자도의 정의가 되어 버렸다. 성화된 삶의 특징인 '본질이 변화된 삶'이 단순히 '사역에 참여하는 삶'으로 대체되어 버렸다. 그러나 예수님에 대한 진정한 헌신은 단순히 사역에 착실히 참여하는 것이 아니라 변화된 삶을 통해 분명히 드러내는 것이다. 진정한 제자라면 그의 성품과 동기가 꾸준히 예수님을 닮아가게 되어 있다. 그것이야말로 제자도의 핵심이다. 남을 위해 헌신하는 증인이 될 수 있도록 영적인 능력을 개발시키는 것도 이러한 성장의 한 부분을 차지한다.

만약 진정한 헌신을 교회 사역에 참여하는 것으로만 정의한다면, 당신은 기독교 보호막 속에 점점 더 깊숙이 갇혀 버리게 될 것이다. 어쩌면 당신은 이렇게 제자도를 정의하는 성도들에 의해 칭찬도 받고, 심지어 칭송도 받게 될지 모른다. 하지만 그 과정 속에서 당신은 다른 사람들을 변화시키는 촉매제로 쓰일 수 있는 귀한 축복의 기회를 잃어버리게 될 것이다.

■ **해결책** : 교회와 지역 사회의 사역 모두 균형 있게 참여하며 헌신하라. 당신의 영성을 유지하기 위한 교인들과의 교제와 복음을 전하기 위한 비그리스도인들과의 교제에 모두 힘쓰라. 누군가가 교회 프로그램에 열심히 참여하지 않는다고 정죄하더라도 죄책감을 느끼지 말라. 프로그램에 참석하는 것이 아닌 개인의 삶에 일어난 본질적 변화를 살펴보고 영적인 생기를 측정하라.

••• 장애물 10 : 섬김의 능력을 과소평가 하는 것

예수님은 다른 사람들을 섬기는 것을 그들의 구원을 위한 선도자 역할을 감당하는 것으로 여기시며 높이 평가하셨다.

"너희 중에 큰 자는 너희를 섬기는 자가 되어야 하리라" 마 23:11.

간혹 그리스도인들 가운데 전도를 한 후 비그리스도인이 복음에 마음의 문을 열기까지 오래 걸리면, 혹은 그들이 복음을 들으려 하지 않으면 좌절하는 사람이 있다.

복음을 전할 수 있는 중요한 기회를 얻게 되는 것은 바로 그들을 섬길 때이다. 사람들의 실질적인 필요를 채우며 섬기는 일은 사랑하는 사람을 잃은 가족들에게 음식을 전달하는 것이다.

힘든 일을 맡은 동료가 그 일을 마무리할 수 있도록 함께 야근해 주는 것이다. 고달프게 생활하는 싱글맘의 아이들을 봐주는 것이다. 이처럼 다른 사람들을 위해 도움의 손길을 베푸는 것은 그들을 향한 당신의 진실한 마음을 전달하는데 큰 도움이 된다.

> 댄의 어머님이 소천하셨을 때 그의 친구 존은 장례식에 참석했다. 그때 댄이 존에게 무심코 물어보았다. "자네, 여기서 뭐하고 있나?" 존은 "자네에게 오늘 친구가 필요할 것 같아서 왔네"라고 말했다. 그러자 댄의 눈에서 한줄기 눈물이 흘렀다.

대다수의 그리스도인들이 풍성한 교제를 누리고 있기 때문에, 다른 사람들이 고통스런 사건들을 홀로 견뎌낼 때 얼마나 큰 외로움을 경험하는지 자주 잊게 된다. 때로는 작은 친절로 한 영혼이 마음의 문을 열 수 있다. 물론 어떤 때는 좀 더 오랜 시간이 걸리기도 한다. 어느 목사는 한 여인이 예수님을 영접할 때까지 25년 동안 그의 어머니와 아이들을 섬기기도 했다. 마침내 복음에 대해 진지하게 생각하게 되었을 때, 그녀는 그토록 오랜 세월 동안 자신들을 돌보아 준 목사에게 찾아왔다. 지속적인 관심으로 신뢰를 쌓은 덕분에 그는 그녀를 예수님께로 인도할 수 있었다.

■ **해결책** : 복음을 전할 때 신뢰를 높일 수 있는 방법으로 섬김을 택하라. 당신이 전도하기를 원하는 사람에게 예수님의 사랑을 표현할 수 있는 방법을 찾아보라. 간단한 것도 좋다. 섬김의 대가로 어떤 것도 기대하지 말고, 그의 진정한 필요를 채우라. 일상적인 문제라도 간과하지 말고 또 누군가 다른 사람이 그 문제를 해결해줄 것이라고 지레 짐작하지도 말라. 그리고 그 사람을 섬길 수 있게 해준 긍휼의 마음이 실은 예수님으로부터 말미암은 것임을 나눌 수 있도록 언제나 준비되어 있어야 한다.

위의 10가지 항목은 그리스도인들이 스스로 세운 장애물로 복음 전파를 가로막을 수 있는 것들이다. 그것들을 모두 허물어 버려라! 당신으로부터 복음이 흘러 들어가는 데 방해가 되는 모든 장애물은 반드시 제거되어야 한다. 예수님께서 그의 제자가 되기 위해 찾아온 사람들 앞에 불필요한 장애물을 놓았던 종교 지도자들을 가장 크게 꾸짖으셨다는 사실을 기억하라. 그들과 같은 무리가 되지 않기를 바란다. 사람들이 복음에 반응하지 못하도록 장애물을 세우는 사람들이 아니라 복음이 자유롭게 흘러갈 수 있도록 통로를 만드는 사람이 되어야만 한다. 복음의 진보에 저항하는 장애물이 아니라 그 통로가 되는 모든 일에 최선을 다해야 한다.

8장
선교사처럼 변화하라

자동차 범퍼에 붙이는 스티커는 짧은 몇 마디 안에 심오한 생각을 담는 경우가 많다. 내가 좋아하는 것 중에 하나는 "변화는 좋은 것이다. 그러니 당신부터 시작하라"이다. 이 여섯 음절은 사람들이 변화에 대해 어떻게 느끼는지를 잘 보여 준다. 다른 사람에게 일어나는 변화라면 다 괜찮다는 것이다! 선교적 그리스도인들은 고집 센 그리스도인들과 달리 변화에 대해 열린 마음을 가지고 있어서, 바로 그 '다른 사람'이 되기를 주저하지 않는다. 선교적 삶은 새로운 사람을 새로운 방법으로 만나 그들이 새로운 일을 해나갈 수 있도록 자신의 라이프 스타일을 지속적으로 변화시켜 나갈 것을 우리에게 요구한다.

선교사는 융통성이 있어야 한다. 어느 선교사가 자녀들에게 어떠한 상황을 만나더라도 "우리도 그렇게 하는 걸 좋아해요!" 하고 응답하라고 가르쳤다고 한다. 그 짧은 응답이 그들로 하여금 다른 문화 속에 성공적으로 살아갈 수 있는 융통성을 배우게 해주었다. 우리는 교회가 후원하는 청소년 선교 여행에서 이 표현을 채용했다. 그것은 예상치 못한 일들이 벌어질 때 불평하기보다 변화하는 환경에 적응할 수 있도록 융통성을 발휘하게 하는 매우 적절한 표현이었다. 선교적 삶을 사는 그리스도인들도 비슷한 관점을 받아들인다. 변화를 거부하는 것은 선교적 삶을 사는 이들의 태도가 아니다.

왜 사람들은 변화를 거부하는가? 왜 새로운 방법이나 다른 사람들을 받아들이는 것을 그렇게 어려워하는가? 왜 그리스도인들은 특정한 방법에 그렇게 연연하는가? 어째서 변화는 그렇게 어려운 건가? 몇 문장으로 그 해답을 다 정리하기는 어렵지만 요약해서 말하자면, 첫째, 사람들에게는 자기 보호 본능이 있기 때문이다. 변화는 우리의 안녕, 흔히 실제보다는 우리의 인식에 기반한 잘못된 안정감을 위협한다.

이것은 사람들이 변화를 거부하는 두번째 요인으로 우리를 이끈다. 그것은 사람들이 변화를 마주할 때 이성적인 과정보다는 감정적인 반응을 앞세우기 때문이다. 사실이 어떠하든 상관없이, 어떤 사람들은 변화에 대해 자신이 갖고 있는 감정의 방어벽을 도저히 극복하지 못한다.

어떤 교회가 교회 건물을 옮기기로 결정했는데, 그것은 보다 많은 사람들이 예배드릴 수 있는 공간을 만들기 위한 결정이었다. 주일날 여러 차례 나누어 예배를 드리는데도 누군가는 서서 예배 드릴 수밖에 없는 상황인지라 어느 누구도 반론을 제기하리라 생각하지 않았다. 이론적으로만 본다면, 교회 성도들은 더 많은 사람들이 구원을 받고 교회의 활동적인 구성원이 되기를 바랐다. 그러나 교회 이전을 제안했을 때, 성도들의 반응은 대부분 부정적이었고, 감정적이었다. 한 남자는 "우리 자녀들이 모두 이 교회에서 세례를 받고 결혼식을 올렸습니다. 왜 당신은 이 교회를 내게서 빼앗아 가려고 합니까?"라고 하였다. 담당 교역자가 "우리는 당신의 가족들이 과거에 누렸던 것과 같은 특권을 미래에 더 많은 다른 가족들이 누릴 수 있도록 새로운 장소를 만들려는 것입니다"라고 대답하였지만 그는 여전히 불만스러워했다. 그는 현재의 장소가 더 많은 사람들을 수용할 수 없다는 문제에 대해서는 전혀 언급하지 않으면서 계속해서 그로 인해 생기는 상실감과 부정적인 것에만 초점을 맞추어 계속 교회 이전을 반대했다.

이제 사람들이 변화를 거부하는 세번째 이유로 넘어가 보자. 변화는 종종 슬픔을 자아내는 손실로 자주 인식되곤 한다. 누군가가 죽으면 사람들은 충격, 분노, 부인, 타협, 그리고 받아들임이라는 슬픔의 과정을 겪게 된다. 변화도 그와 비슷한 상실의 느낌을 가져온다. 예전에 익숙하던 방식과 관계에 대한 정서적 애착의 정도에 따라 다르겠지만, 때로 이런 상실감은 가족의 죽음을 경험한 자의 슬픔만큼이나 깊을 수 있다. 교회가 익숙하던 프로그램이나 장소 등을 바꾸면 마치 성도들은 죽음에 반응하는 것처럼 강한 분노의 반응을 보인다.

마지막으로, 변화를 거부하는 네 번째 이유는 요구되는 변화의 수준과 그것에 대한 저항의 수준이 연계되어 있기 때문이다. 예를 들어, 예배당의 장의자를 개별 의자로 바꾸는 문제는 당신에게 그다지 어려운 일이 아닐 수 있다. 의자는 그저 가구에 불과하니까. 하지만 당신의 할아버지가 그 장의자를 만들었다면, 그 변화만큼 당신의 저항도 크게 증가할 것이다. 표면적인 변화는 쉽게 다루어질 수 있지만, 핵심 가치나 가까운 관계에 영향을 미치는 변화는 더욱 받아들이기 어렵다. 선교적 삶의 태도를 자신에게 더욱 적용하기 위하여 변화를 시도할 때도 비슷한 과정을 겪게 된다. 이러한 개인적인 변화들은 완전히 해소되기가 쉽지 않다. 선교적 삶의 방식을 받아들인다는 것은 고통의 깊이와 상관없이 그 변화를 받아들인다는 것을 의미한다.

변화가 어려운 이유를 겸허히 받아들일 때 당신은 변화에 따르는 고통을 극복하게 된다. 그때, 당신은 다양한 가치관을 가진 각양각색의 사람들에게 다양한 방법으로 접근하는 법을 발견하며 영적 성장을 경험할 것이다. 그러나 안타깝게도 오늘날 많은 그리스도인은 이와 정반대의 관점을 지니고 있다. 많은 그리스도인들은 그들의 방법론에 만족해 하고 천편일률적인 문화 속에서 편안함을 느낀다. 만약 당신이 선교적 삶을 살길 원한다면 점점 더 많은 변화를 수용하게 될 것이다. 그것은 매우 도전이 되는 선교적 삶에 필수적 태도이다. 변화에 대해 성경적인 관점을 갖는 것이 바로 그 시작이다.

••• 변화와 사투를 벌이는 사람들을 만난 예수님

예수님은 변화의 전도자이셨다. 그분은 구원의 방법에서부터 인간 관계에 새로운 도덕률을 세우는 것까지 모든 것을 다 변화시키셨다. 그분이 일으키시고 가르치신 변화를 요약하는 것은 불가능하다. 그러나 마태복음에 등장하는 여러 사건과 가르침은 변화에 대한 예수님의 관점을 이해할 수 있는 좋은 기초를 제공해준다.

예수님은 세관에 앉아 있는 마태를 보시자마자 그를 제자로 부르셨다. 그들의 대화는 짧았지만 보이는 것만큼 그렇게 느닷없는 일은 아니었다. 이전에 두 사람이 만났던 상황을 염두에 두면 가장 잘 이해가 될 것이다.

"예수께서 그곳을 떠나 지나가시다가 마태라 하는 사람이 세관에 앉아 있는 것을 보시고 이르시되 나를 따르라 하시니 일어나 따르니라"마 9:9.

이와 같이 마태의 삶에 순식간에 일어난 변화는 성도들에게 가장 근본적인 변화를 보여 준다. '예수님께서 말씀하시면 우리는 그저 순종한다'는 것이다. 아주 간단하다. 예수님은 우리의 과거가 어떠하든지, 미래에 대한 기대가 어떠하든지 상관없이 우리에게 순종을 요구하셨다. 그가 길을 지시하시면, 우리는 거기에 순종으로 반응하면 된다. 우리의 바람과 반대될지라도 그분이 말씀하시는 대로 행하면, 결과적으로 우리는 건강한 변화를 맞이하게 될 것이다. 자연스럽고 간단하며 매우 영적인 과정이다. 그러나 변화와 관련해 주의할 사항이 두 가지 있다.

먼저, 우리는 예수님께서 언제 말씀하시는지 분별할 필요가 있다. 그것에 대해서는 이 장 마지막 부분에 다시 언급하겠다. 다음으로는 그분의 말씀이 무엇이든 반드시 순종해야 한다. 어렵지만 반드시 필요한 결단이다. 마태는 세금 징수를 그만둔 바로 직후 예수님이 친구들을 만날 수 있도록 만찬을 준비했다. 앞서 읽었던 것처럼 바리새인들은 예수님이 세리들과 죄인들과 함께 식사하시는 모습을 보고 분노했다마 9:11. 이미 우리는 다른 맥락에서, 그들의 관심사가 무엇인지 다루었고, 또 예수님께로 나아가지 못하도록 사람들을 막아서며 판단하는 태도에 대해 이야기 나눈 바 있다. 이제 변화에 대한 관점으로 그들의 행동을 살펴보자. 바리새인들의 문제는 무엇이었는가? 그들은 너무나 많은 것이 너무도 빨리 변해서 화가 났던 것이다. 이것은 사람들이 왜 변화에 반대하는지를 설명해주는 이유가 된다. 그들은 너무나 많은 것이 너무나 빨리 변하게 되면서 절망감을 느끼게 된 것이다. 변화는 두려움과 불확실함, 그리고 두려워하는 마음을 그들에게 갖게 했다. 사람들이 이러한 감정을 가질 때 그들은 변화에 저항하며 싸우게 되고, 일상을 유지하기 위해 온 힘을 다하게 된다. 바리새인도 마찬가지였고, 오늘날의 그리스도인들의 삶에도 여전히 반복되고 있다.

바리새인들과 직면하던 그 언덕에서 세례 요한의 제자들은 예수님께 흥미로운 질문을 던졌다. 그들은 궁금히 여기며 "우리와 바리새인들은 금식하는데 어찌하여 당신의 제자들은 금식하지 아니하나이까"마 9:14라고 질문하였다. 예수님은 신랑의 비유를 들어 설명하셨다. 신랑이 오면 축하를 해야지 금식하고 있어서는 안 된다는 것이다. 금식은 다른 때에 해도 좋다. 변화라는 주제와 관련지어 볼 때, 그들이 그런 질문을 던진 것은 예수님께서 제자들에게 더 많은 것을 지키도록 요구하지 않는 것에 불만을 품었기 때문이다. 사실상, 요한의 제자들은 "우리는 너무나 헌신하며 금식도 합니다. 그런데 왜 당신은 당신의 제자에게 우리처럼 헌신하도록 더 많이 요구하지 않는 겁니까?"라고 말하는 것이다. 그들의 불만은 너무 적은 것이 너무 느리게 변하고 있다는 것이다. 이것은 바리새인들의 딜레마와 정반대되는 것이며 오늘날 그리스도인들이 공통적으로 가지고 있는 생각이다. 일부 그리스도인들은 변화를 선도하는 자들이거나 문화에 빨리 반응하는 사람들이다. 그들은 지금 당장 즉각적이고 신속한 변화가 일어나기 원하기에 지도자들이나 동료 교인들의 느린 반응에 불만을 토로하게 된다.

예수님께서 변화에 대한 두 가지 핵심 요소를 가르치시기 전에 있었던 이 세 종류의 만남은 변화에 대해 반응하는 사람들의 세 가지 유형을 잘 보여 준다. 첫째, 마태와 같은 사람들은 예수님의 초청을 받고 그분을 따른다. 그들은 영적으로 예수님의 음성을 잘 듣고 있어서 그분께 순종하기 위해 기꺼이 변화의 길을 택하고, 그 결과는 온전히 그분의 돌보심에 맡겨 버린다 10:27. 둘째, 바리새파 사람들 같은 유형은 너무나 많은 것이 너무나 빨리 변화함에 불만을 표시한다. 그들은 변화에 저항하며 그것으로 말미암은 위협의 수위를 낮추려고 애쓸 뿐 아니라 변화를 피할 수 없다면 그 속도를 늦추려고 한다. 마지막으로 세례 요한의 제자들과 같은 유형은 세상이 원하는 만큼 빨리 변하지 않는 데 절망한다. 그들은 다른 사람들이나 스스로에게 인내심이 없기 때문에 세상과 자신들을 구별하는 방식으로 불만을 표현한다.

선교적 그리스도인으로서 당신은 마태의 본을 따라야 한다. 변화의 속도가 너무 빠르거나 너무 느리다고 불평하며 두 극단 사이를 위태롭게 달리고 싶은 유혹을 거부해야 한다. 예수님의 말씀을 듣고 그분을 따르라. 그분이 일하시는 속도를 믿고, 그보다 앞서지도 뒤처지지도 마라. 처음에는 당황스러울 수도 있겠지만 장기적으로 반드시 좋은 결과를 가져올 것이기에 그가 시작한 변화를 믿으라. 이때 필요한 것은 수많은 정보와 지시, 조언의 홍수 가운데서 예수님의 인도하심을 옳게 분별하는 법을 배우는 것이다. 그렇다면 선교적 만남과 사역에 대한 예수님의 인도하심을 어떻게 분별할 것인가?

첫째, 예수님은 당신의 목적을 따라 말씀하신다. 간단 명료하게 언급된 그의 목적은 "잃어버린 자를 찾아 구원하려 함이니라"눅 19:10이었고, 지금도 마찬가지다. 사역이나 선교적 참여와 관련하여 선택을 내려야 할 때, "이 결정이 더 많은 사람들로 하여금 예수님을 알 수 있도록 이끌어 줄 것인가?" 하고 항상 질문하여야 한다. 만약 그 대답이 "그렇다"면 예수님도 그렇게 말씀하실 가능성이 매우 높다.

둘째, 예수님은 당신에게 위임하신 명령을 따라 말씀하신다. 당신에게 위임하신 그분의 명령은 "또 그의 이름으로 죄 사함을 받게 하는 회개가 예루살렘에서 시작하여 모든 족속에게 전파될 것이 기록되었으니 너희는 이 모든 일의 증인이라"눅

24:47-48는 것이다. 어떠한 행동을 하기 전에 과연 그 일이 당신에게 주어진 지상명령을 성취하는 것인지, 아니면 그것으로부터 멀어지게 하는 것인지 고려해보아야 한다.

셋째, 예수님은 기도하는 가운데 말씀하신다. 사도행전 전체에 걸쳐 교회는 폭넓은 지상명령의 성취를 위해 주님의 인도하심을 구하였다. 교회는 매번 기도 모임 가운데 주님의 인도하심을 분별하였다. 그리고 모든 순간마다 그들이 받은 감동에 순종하여 행할 때 예수님의 목적과 위임하신 명령은 완수되었다. 만약 당신이 정기적으로 기도하는 사람이 아니라면 예수님의 인도하심을 잘 분별하기가 어려울 것이다. 영적 분별력은 기도하는 그리스도인에게 가장 분명하게 임하는 법이다.

마지막으로, 예수님은 교회의 리더들을 통하여 말씀하신다. 사도행전 전체에 걸쳐 교회는 주님이 주셨던 목적과 지상명령을 놓고 기도하는 가운데 그분의 인도하심을 분별하였다. 이 기도 모임 가운데 혹은 그 이후에 교회의 리더들은 예수님의 인도하심에 대해 그들이 느낀 바를 선포했다. 각각의 경우에 교회는 지도자들이 받은 인도하심을 확증하였고, 그 방향으로 움직였다. 리더들은 예수님으로부터 듣고, 그들이 받은 인상을 교회와 나누어야 할 책임이 있다. 그리고 교인들은 리더들의 영적 지도를 지지하며 그들을 따를 책임이 있다.

이러한 단계들은 당신이 예수님의 인도하심을 분별하고 선교적 삶으로 한 걸음 더 나아갈 수 있도록 변화하는 데 도움을 줄 것이다. 예수님이 가지셨던 목적과 지상명령, 기도, 그리고 당신의 영적 리더가 동의하는 바에 기초해 결정을 내리라. 당신이 시도하는 모든 변화가 예수님으로부터 왔음을 완벽하게 확인할 수 있는 시스템이란 존재하지 않지만, 이와 같은 조건들을 기준 삼아 당신에게 주어진 것을 선택하면 그분의 인도하심을 더 잘 분별할 수 있게 된다.

••• 변화의 원리에 대해 가르치신 예수님

세례 요한의 제자들이 던진 질문에 대답하면서 예수님은 두 가지 매우 중요한 변화의 원리를 소개하셨다. 그는 요점을 잘 전달하시기 위해 집에서 아주 흔히 볼 수 있는 물건, 옷과 포도주를 담는 가죽 부대를 예로 드셨다. 이것은 예수님께서 변화에 대해 가르치시면서 선교적 그리스도인들이 겪어야 할 변화의 과정을 잘 이해하도록 생각의 틀을 제시하신 가장 간결한 진술이다.

예수님께서 가르쳐 주신 첫 번째 원리는, 진정한 변화는 말 그대로 진정한 변화를 필요로 한다는 것이다. 예수님은 "생베 조각을 낡은 옷에 붙이는 자가 없나니 이는 기운 것이 그 옷을 당기어 해어짐이 더하게 됨이요"마 9:16라고 말씀하셨다. 다른 말로 표현하자면, 대충 땜질하는 방법으로는 부족하다는 것이다. 1세기 당시에는 여러 번 빨래를 하면 옷이 줄어들곤 하였다. 그래서 옷에 구멍이 나 새로운 천을 덧댄 뒤 빨래를 하게 되면 본래의 옷과 덧댄 옷감이 서로 다르게 수축하곤 하였다. 그렇게 되면 또 다른 구멍이 생겨 처음보다 상황이 더 악화되고 마는 것이다. 가사에 익숙한 주부들은 예수님의 비유를 금방 이해하며 고개를 끄덕였을 것이다. 때로는 옷을 덧대는 것만으로는 부족할 때가 있다. 그럴 때는 새 옷을 지어 입어야 한다. 진정한 변화에는 정말 진정한 변화가 필요한 것이다.

대부분의 사람들은 자신들의 삶이 조정되거나 무언가 더 추가되는 것에 크게 신경 쓰지 않는다. 점진적인 변화는 크게 방해받지 않고 이루어질 수 있다. 어려움이 찾아오는 때는 중대한 변화, 전체적인 변화가 필요할 때이다. 점진적으로 변화하는 것이 불가능한 때가 있다. 예를 들어, 미국 정부가 어느 날 차량은 모두 다 왼쪽으로 주행하도록 도로 교통법을 바꾸기로 했다고 치자. 그러면 모든 사람들이 그 결정이 적절하다고 동의해서 적응하게 될 때까지 그 법을 점진적으로 집행하겠는가? 다른 예를 들어보자. 만약 당신이 누군가와 약혼을 했는데, 상대방이 "이제부터는 다른 사람과 데이트 하는 것을 조금씩 줄여 보도록 노력할게요"라고 말한다면, 이 말을 당신은 받아들일 수 있겠는가? 절대로 그럴 수 없다! 어떤 변화들은 두 가지를 맞바꾸면서 일어나기에 극적이며 결정적이다. 옛날 방식은 포기해야 한다.

새로운 방식으로 접근해야 한다. 구멍 난 옷에 땜질하듯 인생을 점진적으로 바꿀 수만은 없다. 때때로 진정한 변화란, 말 그대로 진정 전체를 아우르는 변화를 말한다. 한 가지 일을 여전히 하면서 또 다른 일을 시작하는 것을 이제는 멈춰야만 한다.

비그리스도인과 관계를 맺는 일에 더 많은 시간을 쏟기로 결심했다면, 당신은 그 시간 동안에는 다른 활동을 포기하기로 결정해야 한다. 새로운 사역을 시작할 계획이라면, 당신은 그 시간에 하던 다른 사역을 포기하기로 결정해야 한다. 당신이 더욱 선교적 삶을 살기 위해 생활 방식을 바꾸기를 진지하게 고려한다면, 다른 소소한 일에 드는 시간과 전도를 위해 사용하는 시간을 맞바꾸는 결정을 해야 한다. 그러면 당신은 삶의 방식을 바꾸게 될 것이다. 어떤 것들을 그만두는 대신 어떤 일들은 시작하게 될 것이다. 진정한 변화는 말 그대도 진정한 변화를 필요로 한다. 그저 간단한 조정이나 첨가만으로는 당신이 갈망하는 결과를 얻어 낼 수 없기 때문이다.

예수님께서 가르쳐 주신 두 번째 원리는, 진정한 변화가 성공하기 위해서는 새로운 구조가 필요하다는 것이다. 구조라는 단어에는 오해의 소지가 있지만, 이 원리가 의미하는 것은 의식적인 변화를 계속 이루기 위해서는 이에 상응하는 적절한 지원이 이루어져야만 한다는 것이다. 예수님께서는 이 원리를 설명하시기 위해 가죽 부대를 예로 드셨다.

"새 포도주를 낡은 가죽 부대에 넣지 아니하나니 그렇게 하면 부대가 터져 포도주도 쏟아지고 부대도 버리게 됨이라 새 포도주는 새 부대에 넣어야 둘이 다 보전되느니라"마 9:17.

옷의 비유와 같이, 가죽 부대의 비유도 당시 사람들의 귀에는 쏙쏙 들어왔겠지만, 오늘날 사람들의 이해를 돕기 위해서는 약간의 설명이 필요하다.

당시 사람들은 포도주를 동물의 가죽으로 만든 부대에 담아서 발효시키고 보관하였다. 발효 과정에서 포도즙이 팽창했기 때문에 거기에 맞게 신축성이 있는 가죽 부대가 필요했다. 오래되어 낡은 가죽 부대는 이런 변화에 잘 적응하지 못했다. 그래서 새로운 포도주는 발효하는 음료에 맞게 새롭고, 신축성 있으며, 유연하고, 잘 적응하는 새로운 가죽 부대에 넣을 필요가 있는 것이다. 새로운 포도주는 새로운 가죽 부대를 필요로 했다. 만약 오래된 가죽 부대에 새 포도주가 담긴다면, 포도주의 변화 과정에서 부대는 터져 버리게 되고, 그로 인해 모든 것을 잃어버리게 될 것이다.

가죽 부대의 비유는 변화를 일구어 내기 위해서는 새로운 삶의 구조와 방식들, 그리고 변화를 지원하는 습관들이 필요함을 잘 보여 준다. 선교적 그리스도인이 되기를 원할지라도 이를 위해 단호히 발걸음을 떼지 않는다면, 당신은 아무런 변화도 이루지 못하게 될 것이다. 예를 들어, 만약 친구들과 가족들의 구원을 위해 더 많이 기도하기로 결정했다면, 그들을 위한 기도 제목과 기도 전략을 구체적으로 만들 때 진정한 변화의 열매를 거두게 되는 것이다. 만약 직장 동료에게 복음을 전하고자 결심했다면, 경건서적들을 가까이 두어 필요할 때 언제든지 나눌 수 있게 함으로써 이를 실천하라. 또한 전도 프로젝트에 더 많은 재정을 쏟기로 결심했다면, 예산안과 저축 계획을 세울 때 이를 염두해두고 실천하라. 이를 통해 결심한 바를 이룰 가능성을 높일 수 있을 것이다.

예수님은 변화에 대하여 두 가지 핵심 원리를 가르쳐 주셨다. 진정한 변화를 이루기 위해서는 실질적인 변화가 필요하다는 것과 그 변화가 실현되기 위해서는 의도적이고, 지원적인 구조가 필요하다는 것이다. 선교적 그리스도인이 되기 원하는 사람들은 다음 두 가지 원리를 삶 속에 적용하여야 한다. 첫째는 실질적으로 삶의 방식을 바꾸기로 결정하는 것이고, 둘째는 그렇게 시작한 변화가 오랫동안 안정적으로 지속될 수 있도록 필요한 구조적 지원 체계를 만드는 것이다. 이를 위해 당신에게는 훈련과 영적인 결단이 요구된다.

••• 다양한 전도 방법론을 받아들임

사람들은 대부분 일을 할 때 자신이 선호하는 방식이 있다. 매일 똑같은 길로 운전하고, 집 안을 좋아하는 색으로 가득 채우며, 아이스크림 위에 똑같은 토핑을 얹기를 좋아한다. 그리스도인들도 신앙 생활을 하며 사역할 때 늘 편안하게 느끼는 대로 반복해서 행하는 경향이 있다. 우리는 특정한 찬양을 부르기 좋아하고, 친숙한 예배 순서를 따라 특정한 번역본의 말씀 듣기를 원하며, 선호하는 스타일의 설교에 더 잘 반응하곤 한다. 그것이 꼭 나쁜 것은 아니다. 자신이 가장 좋아하는 영적 음식을 즐긴다는데 누가 뭐라고 하겠는가?

그러나 우리가 선호하는 사역의 방법이 그 일을 할 수 있는 유일한 방법이라고 착각할 때 심각한 문제가 발생한다. 우리는 자신이 선호하는 방식을 엄격하게 고수할 뿐 아니라 다른 사람들도 하나님과 의미 있는 관계를 맺으려면 반드시 그 방식을 따라야 한다고 주장할 때가 있다. 예를 들어, 어떤 그리스도인들은 아직도 킹제임스 버전이 유일하게 권위 있는 성경 번역이라고 주장한다. 이것은 몇 가지 면에서 문제가 되는데, 그중 무시할 수 없는 가장 큰 문제는 오늘날 세계의 많은 사람들이 영어가 아닌 중국어나 스페인어 등으로 예배를 드린다는 사실이다. 또 어떤 성도들은 특정한 종류의 음악이나 예배 순서가 온전한 예배에 필수 요소라고 주장한다. 세계의 많은 그리스도인들이 드리는 다양한 예배를 생각해본다면 이런 주장 또한 억지에 불과하다.

또 어떤 전도 방법이 가장 합당할지 매우 편협하게 정의를 내리고 그것에 집착하는 그리스도인들도 있다. 어떤 이들은 가가호호 방문하는 전도 방법을 최고로 여긴다. 다른 이들은 섬기는 전도법을 적극 지지한다. 또 어떤 이들은 전도 집회가 반드시 필요하다고 이야기하기도 하고, 또 다른 이들은 가능한 모든 수단을 조직적으로 동원하는 유기적인 노력이 필요하다고 주장한다. 외향적인 사람들은 길거리 전도를 즐기고, 실용적인 전도를 택하는 이들은 전도할 기회를 얻기 위해 사람들의 필요를 채워 주려 한다. 교사들은 사람들에게 믿음으로 나아가는 법을 가르쳐 줄 수 있는 강의실이 필요하다고 생각한다.

선호하는 전도법을 가지는 것이 문제가 아니다. 당신이 좋아하는 전도법이 사람들에게 전도할 수 있도록 하나님께서 사용하시는 유일한 방법이라 결론짓는 것이 문제인 것이다. 그런 생각에 갇히면 어느새 당신이 좋아하는 방식은 확신으로 바뀌게 되고 하나님의 계획에 제한을 받게 된다. 불행히도, 당신의 선교적 효율성도 동일한 운명을 맞게 될 것이다. 지금까지 복음을 전할 수 있는 훌륭한 방법들이 많이 개발되어 왔지만 가장 최고의 방법은 아직까지 발견되지 않았다. 세상은 지속적으로 변하고, 의사 소통의 방법도 계속해서 진화하고 있기 때문이다. 하나님은 지속적으로 변화하는 세계를 만들 수 있으실 만큼 창조적인 아버지이시다. 계절과 날씨, 그리고 동식물의 순환 주기가 그 좋은 예라 할 수 있다. 예수님은 어떤 종교 지도자들도 하지 않은 일들을 행하시며 사람들에게 혁신적인 삶의 모델을 보여 주셨다. 그분은 흔치 않은 가르침의 기회를 잘 활용하여서 새로운 과제와 방법에 늘 열린 태도를 유지하는 것이 중요함을 강조하셨다.

예수님은 시몬 베드로의 배에 올라 타셔서 호숫가에 모여든 무리에게 가르치셨다눅 5:3.

"말씀을 마치시고 시몬에게 이르시되 깊은 데로 가서 그물을 내려 고기를 잡으라"눅 5:4.

이러한 가르침은 그 말의 화자나 청자 모두에게 매우 흥미로운 것이다. 베드로는 어부로서 많은 사업 파트너들과 여러 척의 배를 가지고 있는 사람이었는데눅 5:2, 목수의 아들이 숙련된 뱃사람에게 어떻게 하면 그 일을 더 잘 할 수 있는지 가르치고 있는 것이다. 베드로는 아마추어의 제안을 일언지하에 거절할 수 있는 충분한 권리가 있었다. 그러나 베드로는 그와는 정반대로 대답했다.

"시몬이 대답하여 이르되 선생님 우리들이 밤이 새도록 수고하였으되 잡은 것이 없지마는 말씀에 의지하여 내가 그물을 내리리이다"눅 5:5.

그 결과 베드로는 다음과 같은 일을 경험하게 된다.

"고기를 잡은 것이 심히 많아 그물이 찢어지는지라 이에 다른 배에 있는 동무들에게 손짓하여 와서 도와 달라 하니 그들이 와서 두 배에 채우매 잠기게 되었더라"눅 5:6-7.

또한 "고기 잡힌 것으로 말미암아 놀라"눅 5:9, 예수님께 자신에게서 떠나 달라고 간청하였다.

"주여 나를 떠나소서 나는 죄인이로소이다"눅 5:8.

그러나 예수님은 다른 계획을 염두에 두고 계셨다. 그래서 그는 베드로가 어부 일을 그만 두고 하나님 나라의 리더가 되도록 도전하는 데 이 사건을 사용하신다. 예수님은 베드로에게 말씀하셨다.

"무서워하지 말라 이제 후로는 네가 사람을 취하리라"눅 5:10.

이러한 대화는 그가 미래에 맡게 될 리더십의 역할과 관련하여 베드로에게 두 가지 중요한 교훈을 가르쳐 주었다. 첫 번째는 그가 수많은 사람들에게 다가가는 도구로 쓰이게 될 것이라는 사실행 2:41과 두 번째는 그것도 매우 놀라운 방법으로 그리하게 될 것이라는 사실이다. 예수님은 어부들이 이전에 그물을 던지지 않았던 장소와 깊이에 그물을 던져 보라고 말씀하셨다. 그들은 여전히 물고기를 잡고 있었지만, 이번에는 완전히 새로운 방법을 적용했던 것이다. 물고기 잡는 일을 통해 베드로에게 이러한 원리를 가르쳐 주신 것은 그가 사도행전을 통해 더 큰 리더십을 발휘할 때 더 넓은 분야에 적용하도록 하시려는 의도가 있었음이 분명하다. 베드로는 초대 교회에 있었던 수많은 변혁의 순간에 중요한 역할을 감당했다. 오순절 사건행 2장, 하나님의 나라에 이방인을 받아들인 초기 사건행 10장, 그리고 마침내 이방인을 완전히 그리스도인으로 받아들이게 된 공의회의 결정행 15장 등이 그 좋은 예라고 할 수 있다. 예수님 생전에 베드로는 '사람을 낚는 어부'였지만, 그는 초대 교회 시대에 복음의 진보를 담당하기 위해 계속해서 변화하며 사람을 낚는 법을 배웠다. 선교적 그리스도인들도 동일한 원리를 삶과 사역에 적용해야 한다. 생활 환경에 발맞추고 새로운 접근법에 열린 태도를 가지면서 동시에 현 상황과 가장 잘 맞는 방법을 모색해야 하는 것이다.

효과적인 복음 전도에는 다양한 방법들이 있다. 어떤 교회나 사역도 전도라는 시장을 빈틈없이 독점하고 있지 않다. 효과적인 접근법은 다음의 모든 영역에서 찾아 볼 수 있다.

• **개인 전도**

이 방법은 공적 장소에서 인구 조사를 하듯 가가호호 방문하여 사람들을 만나는 것과 그들에게 개인적으로 복음을 소개하기 위해 만나는 것을 모두 포함한다. 이러한 접근법은 때때로 두렵기도 하지만 여전히 많은 지역 사회 사람들을 만날 때 아주 효과적인 방법이다. 여러 전도 방법들이 사용될지라도, 거의 모든 전도법은 결국 한 사람이 다른 한 사람에게 예수님을 이야기하는 것으로 귀착된다. 개인적이고, 직접적인 일대일 접근법은 복음을 전달하는 가장 핵심적인 방법이다.

• **사역 전도**

이 방법은 때때로 섬기는 전도법이라고도 불린다. 이러한 접근법에는 동네 청소를 한다든가, 학교에 새 페인트칠을 하고, 독거노인의 집을 새 단장하거나 어르신들의 심부름을 하는 일 등이 포함된다. 또 무료로 세차를 해준다든가 집 없는 사람들을 위해 음식을 배달하는 것도 한 방법이다. 사역 혹은 섬김의 전도법은 사람들의 실질적인 필요를 채워 줌으로써 복음을 전할 기회를 만드는 것이다. 이러한 전도 방법은 지역 사회 사람들의 마음을 열게 하고, 잘만 하면 복음에 대해 의미 있는 대화를 나눌 수도 있게 해준다.

• 맞춤 전도

이 방법은 특별한 전략이 필요한 특정한 부류의 사람들을 골라 복음을 전할 전략을 짜는 것으로 오랜 시간에 걸친 노력이 필요하다. 지역의 교도소에 아웃리치를 나가는 것이 이러한 접근법을 잘 설명해준다. 다양한 방식의 사역과 수업, 상담 사례, 그리고 레크레이션 시간 등이 복음을 나눌 만한 환경을 조성하기 위한 좋은 도구로 쓰일 수 있다. 맞춤 전도 방식은 부대 안에 있는 군인들, 쉼터에 있는 여성들, 혹은 아파트 단지 내의 사람 등 고정된 공간 안에 머무는 사람들을 대상으로 할 때가 많은데, 서로의 관계가 더 깊어질 때 복음을 나눌 수 있게 된다.

• 교육 전도

이 방법은 복음 전도를 위해 수업이나 여러 교육과정을 활용하는 것이다. 때로 이러한 수업들은 직접적인 복음 전파를 목적으로 하는데, 교회에서 개설하는 '성경의 발견'과 같은 수업이 그 좋은 예이다. 이 수업은 성경의 핵심 가르침인 '복음'에 대해 4주 동안 출석하며 기꺼이 배우려고 하는 호기심 많은 비그리스도인들을 대상으로 만들어진 것이다. 지금까지 고안된 것 중 가장 효과적인 전도 방법인 여름 성경 학교는 교육을 통해 복음을 전하는 탁월한 전도 전략의 좋은 예이다. 이와 같은 접근 방법의 또 다른 사례는 자녀 교육 세미나나 결혼 예비 학교처럼 철저히 비그리스도인의 필요에 초점을 맞춘 교육 과정들이다. 이런 교육 과정들은 기독교 세계관을 적용하는 과정으로 시작해서 참가자들이 원하는 삶의 변화는 복음에 기초한 삶을 살 때 가능하다는 사실을 점차 깨닫도록 도와준다.

- **전도 집회**

이 방법은 대형 경기장에서 열리는 집회에서부터 경기장에서 열리는 초대형 전도 축제까지 모든 집회를 포함한다. 때때로 열리는 대형 전도 집회의 목적은 최대한 많은 청중들을 모아서 한 사람의 연사를 통해 거기 모인 모든 사람들에게 복음을 전하도록 하는 것이다.

어떤 방법이 가장 효과적인가? 어떤 방법이 가장 성공적인 접근법일까? 아니다. 질문이 잘못되었다! 가장 좋은 질문은 예수님께서 어떠한 방법으로 나를 들어 쓰셔서 특정한 시간과 장소에 있는 사람들에게 다가가게 할 것인가를 묻는 것이다. 복음을 전하는 방법에는 매우 다양하고, 시의적절하며, 효과적인 방법들이 무한히 존재한다. 당신이 속한 지역 사회에 어떤 방법이 가장 효과적인지를 관찰하고 시행해보라. 그 방법의 효과가 시들해지기 시작하면, 한번 용기를 내어 바꾸어 보라. 과거의 성공이 미래의 발전에 적이 될 때가 있다. 한 가지 방법만을 정한 다음 그 방법이 영원히 효과적일 것이라 기대하지는 말자. 접근법을 늘 새롭게 바꾸면서 전략을 더욱 치밀하게 구성해야 한다. 또한 사람들이 반응하지 않으면 다른 것을 시도해볼 용기도 가져야 한다. 당신이 선호하는 방법이 더 이상 효과가 없을 때 감정적으로 동요하지 말라. 실패를 딛고 계속 전진해나가는 법을 배우면 된다.

••• 지역 사회에서 다양성을 존중함

논란과 오해의 소지가 가장 많은 선교 원칙 중 한 가지가 바로 '동일 집단의 원칙'이다. 이 원칙은 사람들이 자신의 문화권 속에서 가능한 최소한의 장벽을 넘도록 요구받을 때 더 쉽게 복음을 받아들이는 경향이 있음을 잘 간파했다. 선교사들이 새로운 언어를 배우고, 현지 옷차림을 하고, 새로운 시간표를 따르며, 새로운 음식을 즐기는 법을 배우는 것도 다 이와 같은 이유 때문이다. 선교사들은 기독교적인 가치를 지키면서도 가능한 모든 방법을 써서 지역 사회에 참여하려고 노력한다. 복음을 전하기 위해 접근할 때 유연해야 할 사람은 전도를 받는 사람이 아니라 전도하는 사람이기 때문이다.

이것은 많은 그리스도인들에게 어려운 문제이다. 그들은 사람들이 그들과 같아지고, 그들과 가치를 공유하고, 비슷한 선택을 하고, 비슷한 예배의 형식을 따르기를 원한다. 심지어 그들이 그리스도인이 되기 전에도 말이다! 이때 그리스도인의 태도는 마치 "나처럼 되어라, 그러면 예수님을 알게 될 것이다" 하고 말하는 것이나 다름 없다. 만약 선교사가 이런 태도를 가지고 있다면 대부분의 그리스도인들은 실망하겠지만, 그들 자신은 그러한 태도를 가지고 있다는 것을 잘 깨닫지 못하는 경우가 많다. 설령 깨달았다고 해도 쉽게 바꾸려 하지 않는다.

미국의 한 교회가 그들의 지역에 있는 한인들을 품기로 결정했다. 그들은 한인 목사를 초청해서 자기 교회 건물 내에 한인 교회를 세웠다. 그들은 공간을 함께 사용하면서 가끔 연합예배도 드리고, 사역 계획도 함께하는 그런 관계를 꿈꿨다. 한인 교회의 중요한 사역은 함께 모여 밥을 먹는 것이다. 그런데 한인들이 음식을 준비할 때, 그 냄새가 싫었다. 그래서 그들은 "한인들이 음식을 먹을 수는 있지만 냄새 나는 음식은 안 된다"라며 불평했다. 그때 새로운 교회를 세우는 꿈을 갖도록 그들을 도와주었던 선교 상담가가 질문하였다. "하지만 만약 예수님이 한국 음식을 좋아하신다면 어떻게 하겠습니까? 그분이 점심식사를 하려고 오신다면 한국 음식이 제공되는 것을 허락하시겠습니까?" 그럼에도 불구하고 그들은 곧 한인들에게 다른 시설로 옮겨줄 것을 요청했다.

사람들은 누구나 근시안적이어서 자기 기호에만 집착하기 쉽다. 그래서 옷 입는 스타일부터 예배 드리는 방법까지 모든 면에서 자기 방식이 항상 옳다고 생각하는 경향이 있다. 그래서 사람들이 다른 문화를 접하게 되면, 자기 방법은 옳고, 상대의 방법은 틀리다고 확신하기 쉽다. 선교적인 관점을 가진 성숙한 성도들은 세상 사람들이 가지고 있는 다양한 문화적 요소의 아름다움을 인정한다. 이와 같은 태도는 동일한 종족과 언어를 사용하는 지역 사회에도 동일하게 적용된다. 예를 들어, 동일한 민족으로 같은 언어를 쓰는 사람들이지만 그들 사이에 존재하는 세대 차이는 심각한 수준일 때가 있다. 음악적인 선호도나 옷을 고르는 취향, 과학 기술에 대한 열정, 헤어 스타일, 그리고 문신을 하는 사람의 숫자 등이 세대를 가르는 큰 차이일 수 있다. 선교적 그리스도인들은 문화적인 차이에 주목하지 않고, 복음을 모든 사람들에게 전하려는 그들의 헌신이 세대 차이로 인해 방해받는 것을 허락하지 않는다.

동일 집단의 원리는 선교 전략을 수립할 때 매우 의미 있는 선교학적 원리이다. 복음을 제시할 때 가능한 사람들의 문화적 기호에 맞게 전달하는 것이 중요하다. 다시 말하자면 당신이 다가서려고 애쓰는 문화권의 언어로 복음을 전달하는 것이 매우 중요하다. 브라질 사람들에게 전도하려면, 포르투갈어를 사용하는 것이 중요하다. 기술이나 자전거를 좋아하는 사람들에게 다가갈 때는 그들의 '언어'로 말하는 것이 역시 중요하다. 선교적 그리스도인은 접근하는 사람의 필요나 관점, 선호에 기초해서 다양한 접근법을 시도한다. 선교적 삶을 사는 그리스도인은 바울의 간증을 따라 "약한 자들에게 내가 약한 자와 같이 된 것은 약한 자들을 얻고자 함이요 내가 여러 사람에게 여러 모습이 된 것은 아무쪼록 몇 사람이라도 구원하고자 함이니"고전 9:22라고 고백한다.

지역 사회의 다양성을 존중하는 것은 효과적인 전도를 위해 꼭 필요하다. 우리는 사람들이 예수님을 따르는 그리스도인들이 될 수 있도록 애쓰며 돕고 있다. 그들을 미국인이나 공화당원 또는 민주당원, 보수주의자나 진보주의자, 침례교인이나 감리교인 혹은 칼빈주의자나 오순절주의자로 만들려는 것이 절대로 아니다. 어쩌면 우리는 국적이나 정당, 교단 혹은 신학적인 입장과 관련된 우리의 선택이 중요하다고 여길지 모르지만, 그것들은 전도에 최종적인 목적이 아니다. 우리가 전할 메시지는 복음이지, 그 이상도 그 이하도 아니다. 복음이 전파되는 과정에서 불필요한 소통의 장벽을 만들지 않도록 주의하라.

변화는 힘들다. 복음을 효과적으로 전하기 위해서는 새로운 아이디어와 접근법에 대해 열린 마음이 필요하다. 당신이 안일함에 젖어 영적 안전 지대에 거하는 동안, 사람들이 복음을 들어보지도 못한 채 죽어 가도록 방치해서는 안 된다. 방법의 면에서 다양성을 수용하고 지역 사회의 다양성을 존중하는 것은 유연함을 유지하는 데 도움이 된다.

하나님은 혁신적이고 생산적인 변화를 좋아하신다. 그분은 셀 수 없이 다양한 색상과 모양, 그리고 형태로 피어나는 수 천 가지 꽃들을 창조하셨다. 사람들이 각종 질병에 대한 치료법을 개발하고 무한한 에너지 자원을 발견하며, 또 감동을 주는 새로운 음악을 창조할 수 있도록 계속해서 도우신다. 하나님은 창조하시고 우리는 그분을 따르는 것이다. 당신의 지역 사회에 가장 효과적으로 적용할 만한 전도 방법을 발견할 수 있도록 창의력을 달라고 주님께 기도하라. 비록 새로운 아이디어를 실행하는 것이 고통스러울지라도 단호하게 변화를 선택할 수 있는 용기를 달라고 기도하라. 위험한 길을 선택한다 해도 하나님께서 당신을 지켜 주실 것을 신뢰하라.

9장
선교사처럼 희생하라

자아실현이 최고의 가치로 여겨지는 오늘날의 세상에서 어떤 이유로든 자기를 희생한다는 것은 반문화적일 뿐 아니라, 어떤 사람들에게는 심지어 비합리적인 행동으로 간주되기까지 한다. 지난 세대에는 국가를 위해 자신을 희생하거나 교사나 간호사처럼 남들을 돕는 것이 존경받는 일이었다. 그런데 이제 더 이상 그렇지 않다. 전통적으로 목회자들이나 선교사들은 자기 자신을 희생하는 사람들로 여겨져 왔다. 아직도 많은 지도자들이 그러한 삶의 본을 보여 주고 있지만, 어떤 기독교 지도자들은 희생적인 삶을 사는 것을 그만두었다. 그리고 그를 따르는 사람들에게도 그렇게 도전하기를 멈추었다. 대신 그들은 하나님께서 그의 제자들이 영적으로, 신체적으로, 그리고 재정적으로도 부유해지기를 원하신다고 가르친다. 그들은 이렇게 함으로써 자신들의 배만 채운다.

어떤 이들은 이렇게 희생의 가치를 깎아내리기도 하지만, 대부분의 기독교 지도자들은 아직도 희생을 기독교적 섬김의 핵심요소로 여기며 몸소 실천하고자 애쓴다. 선교사들은 흔히 개척지에서 복음의 진보를 위해 겸손하고 이타적인 삶을 사는 헌신적인 그리스도인의 좋은 모델로 여겨져 왔다. 더욱 선교적 삶을 살아가기 원한다면 당신도 이와 같이 희생의 삶을 살 필요가 있다. 그러기 위해서는 두 가지 가장 중요한 소유물을 내어 놓아야 한다. 바로 당신의 '시간'과 '돈'이다. 어쩌면 당신이 사랑하는 사람들과의 친밀한 관계나 당신이 마땅히 누려야 할 권리조차도 내려놓아야 할지도 모른다. 하나님 나라를 위해 희생한다는 것은 다른 사람의 필요를 채우기 위해 당신 자신을 내려놓는다는 것을 의미하기 때문이다.

이와 같은 선택에 대해 정의하고 설명하기에 앞서서, 가장 기초적으로 물어야 할 질문이 있는데, 그것은 과연 복음 전파에 희생이란 것이 정말 필요한가 하는 것이다. 단연코 말하지만, 그러하다! 이 답변이 얼마나 확실한 것인지는 예수님께서 보이신 예와 그분이 주신 명령에 잘 드러나 있다. 시대를 초월하는 가치를 지닌 이 원칙은 문화와 세대를 막론하고 모두에게 적용된다. 희생은 바로 길 건너편에서부터 지구 반대편에 사는 모든 시대와 모든 사람들에게 복음을 전파함에 있어서 필수적 요소이다.

··· **희생의 본이 되신 예수님**

예수님의 성육신 이야기 가운데 가장 감동적인 묘사는 그가 육신을 입고 사람들 가운데 내려오셨다는 사실이다. 바울은 다음과 같이 썼다.

"너희 안에 이 마음을 품으라 곧 그리스도 예수의 마음이니 그는 근본 하나님의 본체시나 하나님과 동등됨을 취할 것으로 여기지 아니하시고 오히려 자기를 비워 종의 형체를 가지사 사람들과 같이 되셨고 사람의 모양으로 나타나사 자기를 낮추시고 죽기까지 복종하셨으니 곧 십자가에 죽으심이라"빌 2:5-8.

예수님은 자기를 비우는 희생을 통해 이 땅에 오셔서 우리의 구원을 가능케 하셨다. 삼위 가운데 한 분이신 예수님은 언제나 영원토록 성부 하나님, 성령 하나님과 함께 존재하셨다. 그분은 과거에도 완전한 하나님이셨고, 현재도 동일하시다. 그러나 우주 구원의 드라마 가운데 구속의 역할을 맡기 위해 "근본 하나님의 본체시나 하나님과 동등 됨을 취할 것으로 여기지 아니하시고"빌 2:6 종의 모습으로 이 땅에 오셨다. 이 본문에 대한 다른 번역에서는 "하나님과 조금이라도 동등한 것으로 여겨서 무엇이라도 움켜쥐려 하지 않으시고"빌 2:6, NASB라고 표현하고 있다. 예수님은 그의 성육신 사건을 통해 인간과 자신이 동일한 신분을 가질 수 있도록 초월적인 지위를 포기하셨다. 그렇게 함으로써 그는 자신을 비우셨다빌 2:7. 학자들은 지난 20세기 동안 이 두 단어가 무엇을 의미하는지 수없이 많은 책들을 써 왔지만, 그 구절의 온전한 의미를 파악하는 것은 도저히 불가능하다. 예수님은 자신의 지위를 희생하고, 온 우주를 통치하는 영원한 하나님의 아들로서의 신분에 걸맞은 특권들도 포기하면서 자신을 비우셨다. 그뿐 아니라 이 땅에 인간으로서 오셨는데, 그냥 사람의 모양으로 오신 것이 아니라 "종의 형체를 가지사"빌 2:7 이 땅에 오셨다. 탄생에서 죽음까지, 예수님은 죄만 빼고 인간이 경험하는 모든 것을 체험하시며 인간과 스스로를 동일시하셨다. 예수님은 죽을 운명에 처해지게 된 인간들을 위해 완전한 수치를 당하시며, 비천한 죄인의 모습으로 죽으셨다. 세상에서 쓰레기처럼 취급받던 이들이 주로 경험한 십자가형을 당하시며 다시 한 번 자기를 철저히 비움으로써 모든 인류와 자신을 동일시하시는 모습을 보여 주셨다.

예수님은 그렇게 희생의 좋은 귀감이 되셨다. 그는 다른 사람들의 유익을 위해 자신의 특권과 지위를 내려놓으셨다. 인간의 가장 큰 필요인 구원을 선물로 주시기 위해 자신의 신분뿐 아니라 가장 소중한 하나님과의 관계조차 포기하신 것이다. 예수님께서는 먼저 가당치 않은 출생의 과정을 겪으셨으며, 마지막으로는 잔인하고 부당한 죽음까지 경험하심으로 자기 자신을 낮추셨다. 예수님은 모든 면에서 다른 사람들을 위해 희생하는 삶의 좋은 모범을 보여 주셨기 때문에 그를 따르는 제자들에게도 그와 동일하게 행하도록 명령하실 수 있는 권위를 얻으신 것이다.

••• 예수님은 희생을 요구하셨다

예수님께서 그의 추종자들에게 예수님과 그의 나라를 위해 자신을 희생하도록 요구하신 예들은 많이 있지만, 가장 심오한 부르심은 바로 앞 장에서도 소개되었던 베드로의 예이다. 주님은 베드로와 그의 동업자들을 만선의 기적으로 감동시키신 뒤 이를 계기로 그들을 사람 낚는 어부가 되도록 부르셨다. 우리가 이미 알고 있는 것처럼 베드로는 그 경험으로 인해 큰 감동을 받았다. 그는 예수님의 존재 앞에 도저히 설 수 없는 자신의 무가치함을 깨닫고, 예수님께 떠나 달라고 간청했다. 예수님께서 그러한 그의 요청에도 아랑곳없이 그를 사역의 리더로 부르셨을 때 베드로와 그의 동업자들의 반응은 즉각적이었고 극적이었다.

"그들이 배들을 육지에 대고 모든 것을 버려 두고 예수를 따르니라"

눅 5:11.

"모든 것을 버려두고"라는 표현은 그의 나라를 위한 희생의 놀라운 예를 보여 준다. 어부들이 그날 배를 버리고 주님을 따랐을 때, 그들은 정말 모든 것을 버렸다. 그 희생에는 무엇이 포함되었는가? 첫째로, 그들은 그들의 중요한 생계 수단을 버렸다. 그들은 여러 명의 동업자들이 여러 척의 배에 나누어 타고 어업으로 생계를 꾸리던 직업적인 어부들이었는데, 자신과 가족들을 부양하던 주요 생계 수단을 그만 포기한 것이다. 둘째로, 그들은 자신들의 신분과 공동체 안에서의 정체성을 버렸다. 어부로서 좋은 음식 재료인 신선한 물고기를 잡아 상인에게 넘기는 것은 매우 중요한 역할이었다. 그들은 존중받는 사업가의 역할을 순회 설교자의 역할과 맞바꾼 것이다. 그런데 하필 그 새 역할이란 것이 아직 논란의 소지가 있는 메시지를 전하는 것이었다. 자신의 정체성을 잃어버린 것도 그들이 드린 중요한 희생의 한 부분이었다. 마지막으로 그들이 자신의 배를 버렸을 때 그들은 미래에 대한 보장을 포기했다. 당시에는 어떤 퇴직 연금 제도나 사회 보장 제도도 없었다. 노년에 사람들이 자신들의 필요를 채우는 방법은 매우 간단했다. 농장을 짓거나 사업을 일으킨 후에 그것을 자녀들에게 넘겨준 다음, 연로해진 후 자식들의 공양을 기대하는 것이다. 그러니 그들이 강가에 남겨 두고 온 것은 그저 단순한 배가 아니었던 것이다. 그들은 현재의 생계 수단, 공동체 안에서의 지위, 미래의 보장까지 모두 주의 나라에서 리더십으로 섬기라는 부르심에 응답하기 위해 포기하였던 것이다.

예수님은 오늘날에도 그의 제자들에게 동일한 희생을 요구하신다. 그는 세상적인 유익을 좇는 것을 포기하고 그가 주는 "일용할 양식"마 6:11을 신뢰할 것을 요구하신다. 예수님은 잠시 있다 사라질 왕국을 세우려고 애쓰지 말고, 영원한 상급을 위해 일하도록 우리를 부르신다마 6:19-21. 그는 우리가 예전에 가졌던 정체성을 포기하고 그분과의 관계 가운데 새롭게 정의된 정체성을 갖기를 요구하신다마 12:46-50. 우리는 심지어 그리스도의 제자로서 새롭게 정의된 우리의 핵심적인 정체성을 잘 표현해주는 새로운 이름, 그리스도인이라는 이름을 받아들였다행 11:26. 자신들의 배를 버리고 떠나갔던 그 어부들처럼 당신의 변화가 그렇게 극적인 것은 아닐지라도, 당신의 삶 전체에 걸쳐 드려지는 희생은 그에 못지 않게 심오한 것이다. 오늘날에도 하나님은 베드로와 그의 친구들이 했던 것과 비슷한 선택을 내리도록 우리을 부르신다.

> 고든은 성공적인 사업가로서 아름다운 집, 휴가, 자동차 등 그의 성취에 걸맞게 과시할 만한 것들을 많이 소유하고 있었

다. 그리스도인으로서 그는 교회를 섬겼고, 수년에 걸쳐 헌금도 많이 하였다. 그러나 그와 그의 아내가 중년에 접어 들었을 때 더 큰 섬김을 드리고자 하는 열망이 그들 안에 샘솟았다. 깊이 고민한 후에 그들은 사업체와 집, 그리고 대부분의 부동산을 처분한 후에 남은 생애를 국제적인 선교 단체에 헌신하기로 했다. 그러한 결정이 과연 지혜로운 것인지 의문을 제시하는 이도 있었지만, 자녀들과 가까운 친구들은 그들의 헌신을 격려해주었고, 그 과정을 도와주었다. 많은 것을 희생하였지만, 하나님의 인도하심에 순종할 때 찾아오는 놀라운 축복을 만끽하며 그들은 현재 아시아에서 행복하게 사역하고 있다. 하나님은 지금도 어떤 사람들에게 '모든 것을 버리고' 그를 따르도록 부르고 계시는 것이다.

이러한 예는 희생의 본질에 대해 의문을 갖게 한다. 희생을 정의하는 것이 무엇인가? 모든 사람에게 희생이 동일하게 요구되는 것인가? 하나님이 희생하며 그를 따르도록 당신을 부르시는지 어떻게 아는가? 하나님께서 기대하시는 희생이 개개인에 따라 혹은 각자가 지나는 생애 주기에 따라 다른 것인가? 어떻게 하나님의 명령을 잘 순종할지 고민하기 전에 희생이란 무엇인가를 더 잘 정의하고 설명하는 일에 집중하도록 하자.

진정한 희생이란?

희생이란 다른 이들의 유익을 위해 무엇인가를 포기하는 것을 의미한다. 많은 사람들이 희생을 단지 돈이나 다른 소유물을 내어 놓는 것으로 제한하여 정의한다. 그러한 생각에도 일리가 있다. 그러나 보이지 않지만 소중한 것을 포기하는 것도 명백한 희생이다. 예를 들어 '시간'이나 '관계' 혹은 '권리' 같은 것이 이에 해당한다. 가장 순수한 의미에서 희생이란 다른 사람의 이익을 위해서 당신의 욕망을 잠시 뒤로 미루어 놓는 것을 의미한다. 이것은 다른 사람이나 혹은 한 무리의 사람들의 이익을 위해 자아를 억제하는 것이다. 희생에 대한 이와 같은 정의들이 도움이 되기는 하지만, 무엇이 진정한 희생인지에 대한 질문에 정확한 답을 주는 것은 아니다. 이 어려운 질문에 답하기 위해서는 두 가지 중요한 요소들이 있다. 첫째, 희생은 개인적이라는 사실이고 둘째, 희생에는 비례 관계가 중요하다는 사실이다. 이 두 가지 요소를 잘 정리하여 적용할 수 있으면 언제 어떠한 선택을 내리는 것이 진정한 희생에 해당하는지 아는데 도움을 얻을 수 있을 것이다.

우선 희생은 개인적이다. 하나님의 희생에 대한 요구와 그것에 상응하는 당신의 반응은 매우 개인적이다. 무엇이 당신에게 의미 있는 희생인지를 다른 사람이 정의하는 것은 불가능한 일이다. 어느 누구도 당신의 마음속에 있는 진정한 동기와 욕망, 충동, 그리고 비밀스런 소망을 알 수 없기 때문이다. 또한 누구도 당신이 포기하려고 하는 일에 그동안 얼마나 많은 감정을 쏟아부었는지, 그러한 결단을 이끌어 낸 사건이나 환경은 무엇인지, 그리고 그 순간 당신의 믿음의 정도가 어떠했는지를 온전히 이해할 수 없다. 어떤 사람에게는 대단한 희생이 당신에게는 그다지 어렵지 않은 일일 수도 있고, 반대로 남들은 대수롭지 않게 생각하는 일이 당신에게는 감정을 뒤흔들고 영적인 고뇌의 시간을 갖게 하는 일일 수도 있다.

우리가 교회를 개척하기 위해 오리건으로 이사하였을 때, 많은 여성들이 아내에게 찾아와 그렇게 먼 곳으로 위험을 무릅쓰고 이동하는 것에 대해 동정을 표하며 위로의 말을 전했다. 아내는 그들의 위로를 받아들였지만, 그들의 견해는 인정할 수 없었다. 왜냐하면 그것을 전혀 희생이라고 생각하지 않았기 때문이다. 그것은 자녀들을 선교적인 환경 속에서 키우고 싶다는 그녀의 오랜 소원이 이루어진 것이기 때문이다. 아내는 이사하는 것에 대해 오히려 기쁜 마음에 들떠 있었다. 남들이 보기에 오리건으로 삶의 터전을 옮기는 것은 희생적인 태도였지만 아내의 관점에서 보자면 그것은 그녀의 꿈이 성취되는 즐거운 일이었다.

몇 해 뒤에도, 우리는 서부 해안을 떠나 다른 곳으로 옮겨야 하는 사역 요청을 받았다. 그때마다 아내는 "나는 서해안을 떠나고 싶지 않지만 주님께서 원하신다면 언제든 다른 지역으로 옮길 수 있어요"라고 말했다. 우리 부부에게는 서해안에 사는 것이 큰 축복이었지만 떠나는 것도 좋은 도전이었다. 희생이란 개인적인 문제이다. 무엇이 누구에게 희생이 되느냐는 것은 사람마다 다 다르다. 누구도 당신을 대신해서 그것을 정의 할 수는 없다.

선교사의 아내인 주디는 남미의 외딴 정글에서 사역한다. 그녀를 만났을 때 우리는 그녀의 큰 믿음과 환난에도 굴하지 않는 태도, 하나님에 대한 확신에 큰 감명을 받았다. 그러나 하나님 앞에 드린 큰 희생에도 불구하고, 고향 집에서 배달된 선물세트 중 가장 좋아하는 간식을 누군가 훔쳐가 버린 것을 알았을 때 그녀가 보인 반응은 나를 적잖이 놀라게 했다. "하나님, 왜 이런 일이 일어나야 합니까? 당신을 위해 그렇게 많이 희생했는데 이렇게 작은 것도 누릴 수 없단 말입니까?" 하고 그녀는 하나님께 울부짖었다. 때로는 보잘것없어 보이는 것을 포기하는 것이 지구를 반 바퀴나 지나 옮겨 사는 것보다 더 어려울 수 있다. 무엇이 당신에게 희생인지를 결정하는 것은 너무나 개인적인 것이어서 그 누구도 분석하거나 결정할 수 없다.

한편 희생에는 비례 관계가 중요하다. 투자 기금을 조성하는 사람들은 여러 해 동안 "동일한 희생, 차별화된 선물!"을 표어로 내세워 사람들이 주요 사역 프로젝트에 더 많이 투자할 수 있도록 도전해 왔다. 이 표어는 헌신의 비율을 중요시 여기는 성경적인 방식을 상기시켜 준다. 수입의 10퍼센트를 드리는 십일조의 개념은 이러한 방식의 한 표현이다. 예수님은 겨우 두 렙돈을 드린 한 여인을 칭찬하심으로써 드려지는 헌금이 자신의 수입 가운데 차지하고 있는 비율을 주님이 얼마나 중요하게 여기시는지 알려 주셨다. 이 여인은 자신이 드린 헌금의 액수 때문이 아니라 그것이 자기 수입 가운데 차지하는 비율로 인해 칭찬받은 것이다. 어떤 사람에게 큰 희생이 다른 사람에게는 그저 호주머니에 있는 잔돈에 지나지 않을 수도 있다. 이러한 문제가 돈과 관련된다면 분별하기가 쉽지 않고, 또 다른 영역과 관련되어 있다면 더욱 어려울 수도 있다.

토비는 자수성가한 백만장자이다. 그의 교회는 새 건물을 건축하고 있었기 때문에 그는 얼마를 드려야 할지 고민에 고민을 거듭했다. 그는 건물 전체를 지을 만한 비용을 댈 수도 있었지만, 교회를 위해 그렇게 하지 않는 것이 지혜롭다고 판단했다. 교회 전체가 이 일에 동참할 필요가 있었고, 모두가 짐을 나누어지기 원하시는 하나님의 보다 더 큰 계획 속에서, 그 자신도 희생을 통한 기부로 적절한 역할을 감당하는 것이 마땅하다고 생각했다. 그는 얼마를 드릴지 끝까지 고민하다가 그가 가진 큰 재산에서 큰 부분은 아니지만 상대적으로 큰 금액을 헌금하기로 결정했다. 토비는 희생이란 그가 가지고 있는 삶의 수준을 바꾸게 만들고, 기존에 구입하려고 계획했던 개인적인 물건이나 투자할 것들을 포기하는 것이라고 생각했다. 그러나 희생한다는 것은 언제나 당신이 가진 모든 것을 내어 놓아야만 함을 의미하지는 않는다. 오히려 스스로를 절제하고, 나보다 다른 사람들의 유익을 위해 삶의 우선순위를 조정하되 비례의 원리를 따라 필요한 선택을 하는 것을 의미한다.

칼과 베티는 중대한 사역 프로젝트를 놓고 헌금을 드리기 위해 고민하였다. 그들은 재정이 너무 열악해서 신혼여행도 떠나지 못했다. 하지만 결혼 25주년이 될 때 호주로 꿈꾸던 신혼여행을 떠나기로 약속했다. 그들은 때로 몇 달러에서 훨씬 더 큰 액수까지 이 신혼여행을 위해 매달 적립했다. 수년 동안, 하나님께서 두 사람에게 재정적인 축복을 주셨고, 마침내 그들의 꿈을 이루기에 충분한 액수를 모을 수 있었다. 이제 남은 것은 여행사에 전화하는 것뿐이었다.

그때 교회에서 새로운 캠퍼스를 건립하기 위한 기금 모금의 책임을 그들에게 맡겼다. 그 과정 중 두 사람은 하나님께서 이 프로젝트를 위해 두 사람이 무엇을 희생하기를 원하시는지 여쭈어 보았다. 그들이 동일하게 받은 응답은 그들의 여행 경비를 모두 드리라는 것이었다. 그들이 드리기로 한 헌금에 관한 이야기가 널리 알려지게 되었을 때 수십 명의 다른 사람들이 자신들의 헌금 계획을 수정하여 더 풍성히 드리기로 결정하였다. 이 부부와 함께 하나님의 음성에 순종하고자 자신들의 욕망을 뒤로 한 수많은 사람들의 헌신 덕분에 마침내 아름다운 새 캠퍼스가 그들이 드린 희생의 기념비처럼 세워지게 되었다.

위의 경우는 액수도 중요하지만, 실제로 신혼여행 기금을 마련하기 위해 애쓰며 쏟아부은 감정의 투자가 훨씬 더 중요했다. 이 금액을 올려 드림과 동시에 그들은 자신들의 꿈도 올려 드렸던 것이다. 다른 사람들의 유익을 위해 일생 동안 간직해온 꿈을 포기하는 것이 얼마만 한 희생인지 측정하는 것은 극히 어려운 일이다.

희생은 두 가지 중요한 요소, 즉 시간과 재정을 사용함에 있어 개인적이고 비율적인 면에서 스스로 철저히 제한하는 선택을 하는 것을 의미한다. 희생은 또 인생에서 중요한 두 가지 요소, 즉 관계와 특권을 포기하는 것을 의미하기도 한다. 희생이 일어나는 이 네 가지 분야를 모두 고려할 때 희생을 좀 더 종합적인 관점에서 이해할 수 있게 된다. 선교적 삶을 사는 그리스도인들에게 그의 나라를 위해 희생하는 것이 일회성에 그치는 행사가 되어서는 안 된다. 그것은 성도의 삶 속에서 오랜 시간에 걸쳐 지속되고 향상되어야 한다. 그렇게 희생의 영성을 보여 주는 것이 그리스도인의 삶의 방식이 되어야 한다. 이와 같이 자신의 시간과 돈, 관계 및 특권을 희생할 줄 아는 영성을 발전시킬 수 있는 좋은 예가 여기 제시되어 있다.

· · · **재정 희생하기**

물질을 드린다는 것은 희생의 한 가지 형태라 볼 수 있다. 재정적인 헌신은 나를 위해 쓸 수 있었던 돈과 소유를 다른 사람의 유익을 위해 사용하는 것을 뜻한다. 우리는 가지고 있는 모든 재산을 창의적으로 사용할 수 있는 방법을 생각해낼 수 있다. 재정을 희생이라고 불리울 정도로 내어 드리는 것은 다른 이들의 행복을 위해 적은 액수로 살아가겠다고 선택한 것이다. 희생적인 드림을 습관화할 수 있도록 다음과 같이 연습해보라.

• **십일조, 그 이상을 드려 보라**

소득의 십일조를 드리는 것은 청지기적 삶을 사는 그리스도인들에게 기본적인 덕목이다. 이러한 최소한의 습관이 몸에 익지 않았다면, 희생적인 헌금을 위해 나아갈 준비가 아직 되지 않았다고 할 수 있다. 십일조, 즉 전체 수입의 10퍼센트를 드리는 것은 모든 성도들이 당연히 해야 할 기본적인 헌신이다. 그것을 넘어설 때 비로소 자신에게 써 버릴 수 있는 자원들을 추가적으로 헌신하여 희생할 수 있는 기회가 열리게 된다. 이런 결론을 내리면 어떤 이들은 십일조는 구약 시대에나 있던 개념이지 신약 시대를 살아가는 성도들에게 요구되는 것이 아니라며 버럭 화를 낼지 모른다. 십일조가 비록 구약에서 유래하긴 했지만, 오늘날 성도들의 헌금 생활에도 적용할 수 있다.

신약이 몇 가지 중요한 구약 시대의 문제들을 어떻게 다루고 있는지 살펴보는 것은 그 원리를 이해하는 것에 도움이 된다. 구약 시대에 '속죄'는 짐승의 희생과 더불어 성취되었다. 하지만 신약 시대는 예수님이라는 더 나은 제물을 통해 성취되었다 히 10:1-10. 율법에 간음은 금지되었다출 20:14. 예수님은 음욕을 품는 것조차도 경계하셨다마 5:27-30. 율법은 살인을 금했다출 20:13. 예수님은 마음속에 쓴 뿌리와 분노를 품는 것조차 금지하셨다마 5:21-26. 반복되는 요소가 보이는가? 신약은 언제나 구약보다 더 많이 요구한다. 신약은 율법을 대체했는데, 그 요구를 더 분명하게 규명하면서도 절대로 그 기준을 낮추지 않는 것이다. 그것을 더욱 확대시키고 더욱 개인적으로 만든다. 헌금의 원리도 이러한 방식에서 예외는 아니다. 신약에서 헌금은 율법의 요구를 뛰어넘어서 십일조 이상을 드리는 데까지 자라 갈 것을 도전한다. 헌금이라고 불리는 선물은 우리로 하여금 주님의 나라 확장을 위해 자신을 더 많이 희생할 수 있는 좋은 기회를 제공한다.

소득 가운데 헌금으로 드리는 비율을 높일 수 있는 한 가지 방법은 조금씩 그 비율을 증가시키는 것이다. 일 년에 0.25퍼센트나 0.5퍼센트 정도를 인상하는 것도 쉽지는 않겠지만, 작은 차이라도 증가시키는 것이 중요하다. 우리 부부도 지난 30년간 수입 가운데서 드리는 헌금의 비율을 조금씩, 그러나 꾸준히 높여왔다. 수년이 지난 지금, 우리는 우리가 열심을 품고 있는 각종 프로젝트를 지원하기 위해 십일조보다 훨씬 더 많은 비율의 금액을 드리는 즐거움을 만끽하고 있다. 이것은 희생의 영성을 통해 정기적인 헌금의 습관을 형성하는 느리지만 지속적인 방법이라 할 수 있다.

• **구호금을 나누는 일에 동참하라**

미국의 그리스도인들은 헌금을 드릴 때 세금 공제 혜택을 누리고 있다. 이것은 우리가 이득을 볼 수 있는 재정적인 축복이지만, 그것이 하나님의 나라 일이나 도움이 필요한 사람들을 위해 재정을 내어 놓는 동기가 되어서는 안 된다. 헌금하는 동기를 순수하게 유지할 수 있는 방법 중 한 가지는 구호금을 전달하는 일에 동참하는 것이다. 다소 시대에 뒤 떨어진 것처럼 들리는 이 말은 은행 구좌에 어떤 정보도 남기지 않기 때문에 세금 공제 혜택을 받지는 못하지만 도움이 필요한 가난한 자들에게 직접 재정이나 선물을 전달할 수 있다.

이렇게 선물을 주는 것은 어떤 혜택을 받기 위함이 아니라 그렇게 하는 일이 옳기 때문에 행하는 것이다. 그로 인해 우리는 남을 돕기 위해서는 무언가를 희생해야 함을 다시 한번 상기하게 된다. 구호금을 전달하는 것은 곤란을 겪고 있는 학생에게 현금을 지원하거나 싱글맘 대신 장을 보는 것, 나이가 든 친척을 재정적으로 도와주는 것, 혹은 실직 중인 친구를 대신해 월세를 내 주는 것 등을 포함할 수도 있다. 이렇게 직접 조용히 혹은 무명으로 현금을 나누어 주며 남을 돕는 행위는 당신이 나누는 이유를 분명히 기억하게 해준다. 또한 그 일은 당신의 나눔을 더욱 개인적으로 만들어 주고, 당신의 희생을 더욱 구체적이게 해준다. 구호금을 나눌 때 당신은 자신에게 써 버릴 수도 있었을 재정을 다른 사람의 필요를 채우기 위해 직접 사용하게 된다.

- **귀중한 소유물을 나누라**

탐욕의 영은 귀중한 소유물을 나눌 때 물리칠 수 있다. 목회를 하는 동안 우리 교회는 자동차나 보석, 주식 혹은 토지와 같이 일상적이지 않은 것들을 많이 기부받았다. 이러한 기부의 이면에는 수많은 간증들이 있었다. 그것은 하나님께서 기증자에게 무엇인가 가장 아끼는 것을 드리라고 명령하셨을 때 힘들지만 순종하기로 결정함으로써 결국 물질주의로부터 해방을 경험한 사람들의 이야기였다.

아내와 나는 약혼하기 전에 어느 예배에 참석했는데, 그때 설교자가 물질주의의 위험과 그로 인한 탐욕의 견고한 진을 깨뜨리는 방법, 즉 귀중한 소유를 내어 놓는 것에 대해 설교하였다. 그 때 하나님은 비록 지금 기준으로 보면 정말 적은 액수지만 내게 귀중한 소유물이자 미래의 꿈을 상징하는 예금액 전부를 헌금할 것에 대해 감동을 주셨다. 사실 그것은 아내에게 줄 약혼반지를 사려고 모아 둔 돈이었다.

예배가 끝난 후 나는 아내에게 등록금을 내지 못해 어려워하는 동료 대학생에게 내 통장의 돈을 모두 주어야겠다는 감동을 받았다고 말했다. 그녀는 그 돈이 자기에게 줄 약혼반지를 살 돈이라는 사실을 전혀 알지 못했다. 그녀는 "만약 하나님께서 그 돈을 그렇게 사용하길 원하신다는 확신이 든다면, 아무리 아끼고 싶다고 해도 꼭 순종해야지요" 하고 말했다. 바로 다음 날 나는 모든 돈을 인출해서 그 친구에게 주었다.

그러자 무언가 초자연적인 일이 일어났다. 나는 큰 능력이 내 삶 가운데 임하는 것을 경험했고, 돈의 통제로부터 벗어난 듯한 해방감을 만끽했다. 젊은 그리스도인으로서 이것은 매우 강력한 경험이었다. 나는 하나님의 명령에 순종함으로써 예금 통장으로 대표되는 자기 의존의 진을 깨뜨렸고, 하나님께서 기뻐하신다면 그것을 다시 채워 주시리라 믿게 되었다. 하나님께서는 후에 정말 그 재정을 다시 채워 주셨고, 그 반지도 몇 달 뒤에 구입하게 해주셨다. 하지만 그 경험이 가져다 준 진짜 교훈은 잊혀지기 쉬웠다. 하나님은 당신이 나를 책임져 주실 것을 믿고, 그를 위해 희생할 것을 가르쳐 주셨던 것이다. 후에 이 사실을 아내에게 고백하며 우리는 한바탕 크게 웃었다. 30년도 넘는 세월 동안, 우리는 그 교훈을 잊지 않기 위해 몸부림치며 살아가고 있다. 하나님께서 희생을 명하실 때, 그분이 당신의 자녀들을 대신 돌보아 주신다는 것을 확신해도 좋다. 귀중한 소유물을 내어 드리는 것은 탐욕의 올무를 끊어 버리는 좋은 방법이다.

시간 희생하기

더 많이 헌신할 것에 대해 도전받았을 때 헤롤드는 이렇게 말했다.

"저는 헌금하지 않습니다. 대신 제 시간을 드리지요."

그의 말의 전반부는 희생의 공식을 잘못 이해한 것이지만, 후반부는 정곡을 찌르는 말이다. 선교적 삶을 사는 그리스도인은 개인적인 일을 위해 사용할 시간을 선교 활동을 위해 대신 사용한다. 그것이 재정적인 헌금을 대체할 수 있는 것은 아니지만 사람들에게 복음을 전하도록 접근하기 위해서는 시간이 필요하기에, 그것은 또 다른 형태의 희생이라고 볼 수 있다.

복음을 나눌 수 있을 정도로 친근한 관계를 쌓기 위해서는 시간이 필요하다. 어떤 사람들은 복음에 마음을 열기까지 상당한 시간이 걸린다. 복음을 위해 인내심을 가지고 관계를 형성하면서 그들을 섬기는 일은 며칠이 아니라 몇 년의 세월이 걸리기도 한다. 다른 일을 바쁘게 쫓아 다니지 않고 그들의 시간표에 맞추어 생활하면서 그들의 문제를 들어 주는 데 시간을 사용하는 것은 지속적인 희생에 해당한다. 아내는 복음에 관심 있는 여성들을 모아 성경 공부를 인도한다. 그들은 주로 아내의 메시지만을 듣기 때문에, 사실 성경 공부라고 하기에는 좀 애매한 감이 있다. 그 모임에서 배운 한 여성이 스스로 메시지를 선포할 수 있을 때까지 일 년 이상의 시간이 걸렸다. 일 년이 넘는 시간은 정말 긴 시간이라 할 수 있다. 그러나 아내는 인내심을 가지고, 기도하였으며, 격려해주었고, 복음에 대한 그들의 초보적인 관심에 귀를 기울였다.

계획을 짜고, 인도하며, 아웃리치 활동을 뒷받침하는 일도 시간을 필요로 한다. 친구와의 간단한 점심 약속이건 혹은 지역사회 전체를 전도하기 위한 대규모 전도 집회이건 상관없이 이 일들을 준비하고 실행한 후 계획대로 이행하는 데에는 역시 시간이 필요하다.

딘은 그녀의 대학 캠퍼스에 있는 친구들에게 복음을 전하기 원했다. 그래서 그녀는 지원 그룹을 만들고, 모임 장소를 확보한 후, 설교자를 정하고, 소식지를 인쇄하여 행사를 홍보했다. 그러고는 잘 아는 친구들을 모임에 초청하고, 행사를 위해 기도하며, 지출될 경비를 위해 기금을 모금했다. 그녀는 행사를 개최하기까지 몇 주 동안을 쉴 새 없이 일해야 했다. 그런데 놀랍게도 본격적인 일은 행사가 끝난 뒤에 비로소 시작되었다. 그녀는 참석한 사람들을 계속 돌보아야 했고, 참석자들 가운데 생겨난 몇 가지 오해들을 해결해야 했으며, 새신자들을 위한 제자 양육 과정을 조직해야 했다. 그리고 하나님을 만난 사람들이 그리스도인들과 만남을 가질 수 있도록 주선하고 그 모임 가운데 동화되도록 하는 일 또한 감당해야 했다. 캠퍼스 안에 복음을 탁월하게 증거하고 싶다는 그녀의 소박한 꿈은 한 학기 내내 파트 타임으로 일해야 할 만큼 큰일이 되었다.

선교적 삶은 더욱 중요한 일에 헌신할 수 있도록 우리의 일정을 조정하게 만든다. 관계를 형성하고, 프로젝트를 진행하거나 복음을 나누는 활동에 자기 자신을 투자하기 위해서는 당신의 시간을 희생하는 것이 필수적이다.

••• 관계 희생하기

기독교인들은 관계를 소중히 여긴다. 그것은 옳은 일이다. 관계를 맺는 일에 우선순위를 두는 것이 마땅하다. 이러한 우선순위를 염두에 두고 한번 질문해보자. 그렇다면 복음의 진보를 위해 관계를 희생해야 할 때도 있을까? 놀랍게도 그 대답은 "그렇다"이다. 예수님도 "내 이름을 위하여 집이나 형제나 자매나 부모나 자식이나 전토를 버린 자마다 여러 배를 받고 또 영생을 상속하리라"마 19:29고 약속하셨을 때 그러한 희생이 필요함을 암시하셨다. 예수님은 또 이렇게 말씀하셨다.

"누가 내 어머니이며 내 동생들이냐 하시고 손을 내밀어 제자들을 가리켜 이르시되 나의 어머니와 나의 동생들을 보라 누구든지 하늘에 계신 내 아버지의 뜻대로 하는 자가 내 형제요 자매요 어머니이니라 하시더라"마 12:48-50.

그리스도인들은 관계를 소중히 여기지만, 때론 가까운 관계를 하나님의 명령에 순종하기 위해 희생해야 할 때가 있다. 가족들로부터 멀리 떨어진 곳으로 이주해야 할 때가 그러한 경우이다. 선교사들은 먼 외국으로 나가 그 나라 사람들을 섬긴다. 그럴 때 그들은 가족 관계에서 느끼는 친밀함과 편안함을 포기해야만 한다. 그들은 졸업식이나, 생일 파티, 그리고 명절 가족 모임에도 참석할 수가 없다. 복음 때문에 손주들이 부모들과 함께 머나먼 곳으로 떠나가는 것을 지켜보는 것은 가슴 아픈 희생 중 하나이다. 당신이 가족을 떠나 멀리 가거나 혹은 당신의 자녀들이 복음을 전하기 위해 떠나가도록 격려하는 데에는 성숙한 영성이 필요하다. 가족 관계를 포기하는 것은 매우 힘든 희생이다.

친밀한 관계를 희생하는 일은 가족의 반대를 무릅쓰고 예수님을 따르기로 결단할 때에도 생겨난다. 잘 헌신된 자매인 리사는 역시 주를 잘 믿는 형제인 토니를 만나 결혼했다. 리사의 부모님은 지속적으로 그녀의 기독교 신앙을 반대해왔다. 그녀가 토니와 결혼했을 때 그녀의 부모님은 절대로 그들의 결혼식에 참석해 축복해주는 일 따위는 하지 않겠으며, 그 이후로 연락을 끊겠노라고 공언하셨다. 그 후로 근 10년 동안 리사는 부모님과 여러 차례 화해를 시도하였지만 부모님은 계속해서 거절하셨다. 토니는 자신의 전문 영역에서 성공한 직업인이 되었고, 아름다운 두 자녀를 두게 되었지만 리사의 부모님은 여전히 거리를 두며 자식을 받아들이려 하지 않았다. 비윤리적인 말처럼 들릴지 모르겠지만, 어떤 사람들은 예수님과 그들의 가족 가운데 한 쪽을 선택해야만 한다. 비록 고통스럽더라도 분명히 예수님을 선택하는 것이 옳다.

특권 포기하기

이 책의 여러 장이 비행기 안에서 쓰여졌다. 특권을 포기하는 작은 친절이 얼마나 중요한 결과를 가져올 수 있는지 최근에 깨달은 적이 있다. 내 옆 좌석에 앉은 사람은 군복을 입은 젊은 군인이었다. 출발하기 바로 직전에 일등석 승객 한 사람이 그에게 와서 "젊은이, 이 보딩패스에 자네 이름을 올려 놓았네. 짐을 가지고 일등석으로 올라가게나. 3A 좌석이 자네 것일세! 나라를 지키기 위해 고생해주니 고맙네!"라고 말했다. 그 군인은 몇 차례 사양했지만, 승객들은 그가 그 제안을 받아들이도록 권유했고, 결국 그는 일등석으로 자리를 옮겼다. 그는 나라를 위해 봉사하는 젊은이에게 고마움을 표현하기 위해서 일등석에 앉을 권리를 포기하였던 것이다.

어떤 그리스도인들은 때로 교회 안에서 미묘한 권리를 주장한다. 마치 자신이 무슨 특별한 권리라도 있는 것처럼 말이다. 어떤 여성은 새신자가 자기 자리를 차지하고 앉았다고 불평을 토로한다. 또 어떤 사람은 목사 대신 집사가 심방을 갔음에도 불구하고 "내가 병원에 있을 때 교회에서는 아무도 나를 방문해주지 않았다!"라고 우는 소리를 낸다. 두 명의 십대 자녀를 둔 한 부모는 "도대체 왜 청소년 담당 교역자가 내 자녀들과 더 많은 시간을 보내지 않느냐?"고 불평하며 해명을 요구하기도 한다. 이런 성도들에게는 한 가지 공통점이 있다. 다른 사람들로부터 특별한 대접을 받고 싶은데, 그 욕구가 채워지지 않은 것이다. 다른 성도들이나 교회 지도자들이 당신에게 존중과 지지를 표현해주는 것은 감사할 일이지만, 그렇다고 해서 그것이 성도로서 마땅히 주장할 수 있는 권리는 아니다. 권리를 주장하는 것이 관심의 초점이 되어 버렸다면, 당신은 이미 섬김과 희생의 정신을 떠나 자기 권리를 찾는 일에 몰두하는 이기적인 사람이 된 것이다.

선교적 그리스도인은 '권리'에 대해 불평할 시간이 없다. 그들은 복음을 필요로 하는 사람들에게 지속적인 관심을 쏟기 위해 고민한다. 케니는 그의 병실 침대에서 내게 말했다.

"목사님, 찾아와 주셔서 고맙습니다. 하지만 저는 괜찮습니다. 제가 잘 지내는지 확인하는데 쓰기에는 목사님의 시간은 너무 소중합니다. 이제 다른 사람에게 예수님을 전하시는데 이 시간을 쓰세요!"

선교적 그리스도인은 특권을 누리는 일에 관심이 없다. 그들은 자신이 아닌 다른 사람에게 초점을 맞추기를 원한다. 그들은 자신들의 권리를 주장하기보다 그리스도인으로서 책임을 다하는 것에 더 많은 관심이 있다. 그들은 특권을 주장하기보다 다른 사람을 돌보는 일에 관심을 쏟는다. 선교적 그리스도인들은 스스로 특별한 권리를 누릴 자격이 있는 사람이라고 여기지 않고, 오히려 주를 위해 희생하는 것 자체를 특권이라 여긴다.

••• 희생적인 삶에 주어지는 비밀

"더욱 희생적인 삶을 살도록 당신의 삶을 변화시켜라"는 말은 다소 부담스럽게 들릴 수도 있으며, 그로 인해 우리를 우울하게 만들기도 한다. 당신은 왠지 단조롭고 공허하며, 외로움과 결핍이 뒤섞인 삶을 상상할 것이다. 재정을 드리고, 시간을 투자하며, 가까운 관계들을 포기하고, 특권을 내려놓는 희생의 과정이 힘들긴 하지만, 그 결과는 놀랍도록 만족스럽다. 예수님은 약속하셨다.

"내가 진실로 너희에게 이르노니 하나님의 나라를 위하여 집이나 아내나 형제나 부모나 자녀를 버린 자는 현세에 여러 배를 받고 내세에 영생을 받지 못할 자가 없느니라"눅 18:29-30.

주의 나라의 확장을 위해 무엇을 포기했든지, 이 세상과 앞으로 다가올 세상에서 그와는 비교도 할 수 없을 만큼 큰 상급을 받게 될 것이다. 바울은 에베소서에서 이 사실을 다르게 표현했다.

"그러므로 너희에게 구하노니 너희를 위한 나의 여러 환난에 대하여 낙심하지 말라 이는 너희의 영광이니라"엡 3:13.

그는 그의 희생을 후회하지 않았고, 그 기회를 즐겼으며, 그의 희생이 그와 에베소 교회에게 '영광'이었음을 상기시켰다. 여기에 희생적인 그리스도인들이 알고 있는 비밀이 있다. 하나님의 나라를 확장하기 위해 드려진 희생에 대한 상급이 그 것으로 인해 받게 되는 고통보다 훨씬 더 크다는 사실이다. 선교적 그리스도인들은 결코 마대 자루를 입고, 재를 뒤집어 쓴 채로 여기저기 방황하고 다니는 우울한 수도자가 아니다. 우리는 심오한 영적 비밀을 깨닫고, 행복하며, 만족스럽게, 또 즐겁게 자원하는 마음으로 섬기는 종인 것이다. 예수님이 옳았다!

"자기 목숨을 얻는 자는 잃을 것이요 나를 위하여 자기 목숨을 잃는 자는 얻으리라"마 10:39.

당신이 풍성하게 드리면, 당신은 감당할 수 없을 정도로 다시 채움을 받게 될 것이다.

"주라 그리하면 너희에게 줄 것이니 곧 후히 되어 누르고 흔들어 넘치도록 하여 너희에게 안겨 주리라 너희가 헤아리는 그 헤아림으로 너희도 헤아림을 도로받을 것이니라"눅 6:38.

친밀한 관계를 희생했을지라도, 그보다 풍성한 관계를 다시 상급으로 돌려받게 될 것이다.

"이르시되 내가 진실로 너희에게 이르노니 하나님의 나라를 위하여 집이나 아내나 형제나 부모나 자녀를 버린 자는 현세에 여러 배를 받고 내세에 영생을 받지 못할 자가 없느니라 하시니라"눅 18:29-30.

희생은 맛없는 기름이 아니라 영적인 순종에서 나오는 달콤한 음료이다. 선교적 그리스도인은 희생의 영성을 향상시키면서 끊임없이 다른 사람들, 특히 비그리스도인들의 필요를 자신들의 것보다 앞서 채우려 노력한다. 예수님의 본을 따르고자 애쓰면서, 다른 이들이 복음을 듣고 구원을 얻으며 천국에서 영생을 누리도록 희생하는 삶은 그 자체가 특권이라 할 수 있다. 그 대가가 무엇이든지간에 이처럼 가치 있는 일이 또 어디 있겠는가!

10장

선교사처럼 불가능에 도전하라

지도자들은 담대하게 선포한 후 사람들이 그것을 이룰 수 있도록 이끌어 간다. 지도자들은 반드시 이루어져야 할 일들과 일어날 수 있는 일들에 대한 그들의 비전을 현실로 바꾸어 간다. 그들은 그런 행동을 통해 세계를 극적으로 변화시키고, 그 결과는 후대까지 영향을 미치게 된다. 1960년대에 두 명의 미국인 지도자가 자신의 모든 것을 걸고 선포를 한 일이 있었다. 그들의 간결하고도 직설적이며, 도전적인 선포는 세상을 바꾸기에 충분했다.

1961년 5월 특별 의회 모임에서 존 F. 케네디 대통령은 "나는 미국이 10년 안에 인류를 달에 착륙시키고, 다시 무사히 귀환시키는 목표를 이루는 일에 헌신해야 한다고 믿습니다. 이보다 인류에게 더 인상적이고 중요한 우주 프로젝트는 없을 것이며, 또한 이보다 더 어렵고 비싼 대가를 치러야 할 일도 없을 것입니다"라고 말했다. 케네디의 비극적인 암살 사건에도 불구하고 1960년대 말에 닐 암스트롱은 달 표면에 첫 발을 내딛었고, "인간에게는 작은 한 걸음이지만, 인류에게는 위대한 발걸음"이라고 말하며 승리에 가득 찬 선포를 하였다. 비전을 제시한 케네디의 리더십은 우주 개발에 박차를 가했으며, 무엇보다 미국의 과학 기술 발전에 크게 기여했다. 젊고 자신만만한 대통령의 이 짧은 선언문은 한 나라로 하여금 이전에는 불가능한 것으로 여겨졌던 일, 즉 인류를 달에 보내는 일을 성취시켰다. 그 결과 수세대에 걸쳐 과학 기술의 진보를 이루었으며 그 반향은 오늘날까지도 영향을 미치고 있다.

1960년대의 끝자락을 풍미했던 또 다른 지도자도 이러한 선포를 했고, 그것 역시 인류 역사에 오래도록 영향을 미쳤다. 물론 처음에 그 말은 약간 허풍처럼 들렸고, 심지어 경박하게 느껴지기까지 했다. 그러나 이 선포로 말미암아 생겨난 경제적, 문화적 변화와 그것이 몰고온 여파는 미국 문화 전반을 뒤바꿔 놓았다. 슈퍼볼 경기가 열리기 사흘 전 마이애미 터치다운 클럽에서 뉴욕 제츠의 쿼터백 조 나마스는 "우리는 이 경기에서 이길 것이다. 내가 장담한다"라고 단언했다. 아메리칸 풋볼 리그의 신출내기에 불과했던 제츠는 정말로 그 경기에서 승리했고, 현대의 내셔널 풋볼 리그인 NFL이 창설될 수 있도록 활력을 불어 넣는 일에 결정적인 기여를 하게 된다. NFL은 미국 문화를 형성하며 지대한 영향력을 미치는 수십 억 달러 규모의 사업이다. 리그 자체의 가치가 수십억 달러에 달할 뿐 아니라 이 사업으로 인해 파생한 또 다른 수십억 달러 규모의 산업들, 예를 들어 대학 풋볼 시장, NFL 선수들의 프로모션 시장, 그리고 심지어 매년 수백만 명의 사람들이 즐기는 온라인 풋볼 게임의 제작에 이르기까지 엄청난 영향력을 미치고 있다. 50년 전에 서로 다른 두 사람의 지도자가 선언한 말들이 세계를 변화시키고, 또 지금도 그 변화를 이어가는 촉매제가 되고 있는 것이다.

예수님은 세상을 변화시키는 선포를 하셨다. 제자들에게 상상도 하지 못했던 일들을 성취하도록 자주 도전하셨다. 그러나 예수님께서 하신 한 가지 말씀이 다른 모든 말씀보다 더 높이 우뚝 서 있다. 비록 불가능할 것처럼 들릴지라도 주님은 우리 모두가 이 말씀을 어떻게 실천할지 고민하며 진지한 관심을 보이기를 원하신다.

"내가 진실로 진실로 너희에게 이르노니 나를 믿는 자는 내가 하는 일을 그도 할 것이요 또한 그보다 큰일도 하리니 이는 내가 아버지께로 감이라" 요 14:12.

예수님은 그의 제자들이 "내가 하는 일"뿐만 아니라 놀랍게도 "그보다 큰일도" 하게 되리라고 말씀하셨다. 믿을 수 없는 일이다! 우리와 같이 평범한 그리스도인들을 불러서 그 자신이 성취하신 일들보다 더 놀라운 일들을 행하게 하신다니! 솔직히 말하자면 이 말은 거의 불가능한 것처럼 들린다. 당신이 사는 세상에 영향력을 미치는 선교적 그리스도인으로 살아가려 할 때 마주하는 도전은 우리를 주눅들게 만들고 심지어 불가능한 것처럼 느껴지게 한다. 그러나 예수님의 담대한 선언에 비추어 본다면 선교사로서 살아가는 것은 비록 어렵지만 또한 충분히 가능한 것이다.

예수님은 많은 인생들을 변화시키셨다. 병자들을 치유하셨으며, 배고픈 자들을 먹이셨고, 헐벗은 자들을 입히셨다. 타락한 자들과 맞서 싸우셨고, 악한 영들을 물리치셨다. 예수님은 심지어 죽은 자도 살리셨다! 이렇게 많은 일들을 성취하신 주님께서 우리에게 그를 따라할 뿐 아니라 "그보다 큰일들도 행하라"고 하신다. 이것을 그저 카리스마 넘치는 어느 리더의 과장된 표현으로 치부해버릴 수도 있다. 그러나 이렇게 말씀하시는 분은 바로 다름 아닌 예수님이시다. 그분의 말씀은 청중들의 마음을 현혹시키기 위해 쓸데없는 말을 지어 내는 세상 리더들의 말과 차원이 다르다. 예수님의 말씀이 무엇을 뜻하는지, 그리고 언급하신 더 큰일들을 어떻게 성취할 수 있을지 발견하는 것이야말로 선교적 사명을 완수하는 핵심적인 요소가 될 것이다.

··· 그보다 큰일이란?

예수님이 말씀하신 "그보다 큰일"이란 무엇일까? 하지만 여기서 더 중요한 것은 '그것이 어떻게 가능한가?'이다. 어떻게 연약한 인간이 예수님보다 더 위대한 일들을 할 수 있단 말인가? 그 해답을 찾다 보면 이 질문에 대한 몇 가지 가능성 있는 답변을 떠올리게 된다.

먼저, 더 큰일을 행할 수 있는 이유는 예수님 당시보다 우리가 더 큰 선교 사역지를 가지고 있기 때문이다. 당신이 이 책을 읽는 시점이 언제든 상관없이 지구 상에는 지금 어느 때보다도 많은 인구가 살고 있다. 예수님은 사람들의 인생을 바꾸기 원하시는데, 그 어느 때보다 지금 바뀌어야 할 인생들이 많다. 그러므로 우리는 더 위대한 일들을 할 수 있다.

두 번째, 이전 세대와 비교할 수 없을 정도로 복음을 전할 더 큰 필요가 있기 때문에 우리는 더 큰일을 해낼 수 있다. 역기능 가정, 이혼율의 급증, 그리고 위험에 노출된 자녀들의 문제가 문화적 혼란을 가중시키고 있다. 전쟁, 대량 학살, 테러리즘, 그리고 핵 위협이 우리가 사는 세상을 더욱 폭력적이고 파괴적인 장소로 바꾸고 있다. 또한 영향력을 유지하기 위해 편견과 성차

별, 특히 다툼을 조장하고 사람들을 억압하는 종교 세력들이 사회 불안을 조장하고 있다. 동일한 문제들이 1세기에도 존재하였지만, 그 파괴력은 오늘날이 더욱 크다.

세 번째, 더 위대한 일들이 가능한 이유는 이전에는 존재하지 않았던 좋은 사역의 도구들이 이제 우리 모두에게 주어졌기 때문이다. 특별히 통신과 교통의 혁신은 급속도로 복음이 전파되도록 해주었다. 텔레비전, 라디오, 휴대폰, 컴퓨터, 그리고 인터넷에 공개된 수많은 자료들은 소외되었던 사람들에게까지 접근을 가능하게 해준다. 비교적 저렴한 다른 교통 수단과 연계된 국제적인 항공 네트워크는 이제 우리가 지구상 어느 곳으로 이동하든 상대적으로 짧은 시간 안에 도달할 수 있게 해준다.

마지막으로, 오늘날의 그리스도인들은 과거의 성공을 바탕으로 더 큰일들을 해낼 수 있는 놀라운 사역의 전문성을 확보하게 되었다. 교회는 이제 20세기 이상의 경험과 중요한 사역 기록을 보유하고 있다. 그 과정에서 많은 문제들이 제기되었고, 또 해결되었다. 이렇게 축적된 지혜는 역사를 공부하고 그것에서 배우기를 원하는 사람들과 하나님 나라의 경험과 기록으로부터 도움을 얻고자 하는 사람들이 더욱 효과적으로 사역할 수 있게 해줄 것이다.

예수님께서 우리가 그보다 큰일도 하게 되리라 말씀하셨을 때 어쩌면 이와 같이 외적인 요소들을 염두에 두고 말씀하셨는

지도 모른다. 그러나 그것들이 약간의 가능성을 설명해준다 해도 예수님께서 말씀하신 일들을 해낼 수 있는 방법까지 설명을 해주지는 않는다. 주님의 약속을 이렇게 해석할 때 생기는 문제점은 그것이 단지 이 세대 중, 특정한 지역에 사는 믿는 자들에게만 해당된다는 것이다. 그렇게 되면 이 말씀은 모든 세대에, 모든 지역에 사는 모든 사람에게 적용되는 것이 아니지 않는가? 그러므로 우리가 그보다 큰일을 행하기 위해서는 다른 길과 방법들이 존재해야만 한다.

그러한 능력의 근원은 예수님께서 승천하신 직후부터 사용 가능한 것이어야 하고, 오늘날까지도 효력이 있는 것이어야 한다. 그것은 모든 세대에, 모든 지역에 살았던 성도들이 접속할 수 있는 능력이어야 한다. 그 능력의 근원이 무엇인지 판단하기 위해 아주 당연한 것을 먼저 생각하지 않으면 그것은 그저 신비롭게만 여겨질 것이다. 동일한 대화 가운데 예수님은 우리가 더 큰일을 하게 될 것에 대해서만 말씀하신 것이 아니라 어떻게 그 일들을 하게 될지도 알려 주셨기 때문이다.

위대한 일을 행할 것에 대한 예수님의 가르침은 실상 오늘날과 후대의 사람들이 선교적 삶을 살아가려 할 때 필요한 가장 핵심적인 기초를 제공해준다. 예수님의 가르침을 진지하게 받아들이고 현대인의 삶 속에 적용하는 법을 배우는 것은 매우 도전이 되는 일이다. 우리는 그저 예수님께서 하신 말씀을 무시하고 지나갈 수는 없다. 우리는 그분의 명령에 동의하고, 그것을 성취하기 위해서 그의 방법론을 사용해야만 한다. 그럴 때, 우리의 선교적 삶의 방식은 우리가 그토록 갈망하는 초자연적인 결과를 보게 될 것이다.

••• 예수님의 권세를 힘입어

그보다 큰일을 행하려 할 때 근원이 되는 첫 번째 능력은 예수님의 권세를 힘입어 사역하고, 그분에 대한 권위 있는 메시지를 전달하는 것이다. 예수님은 그의 제자들이 자신보다 더 큰일을 할 수 있다고 말씀하셨다. 왜냐하면 그가 아버지께로 가시기 때문이다요 14:12. 바울은 예수님의 승천과 관련하여 하나님께서 행하신 일을 이렇게 묘사하고 있다.

"그의 능력이 그리스도 안에서 역사하사 죽은 자들 가운데서 다시 살리시고 하늘에서 자기의 오른편에 앉히사 모든 통치와 권세와 능력과 주권과 이 세상뿐 아니라 오는 세상에 일컫는 모든 이름 위에 뛰어나게 하시고 또 만물을 그의 발 아래에 복종하게 하시고 그를 만물 위에 교회의 머리로 삼으셨느니라 교회는 그의 몸이니 만물 안에서 만물을 충만하게 하시는 이의 충만함이니라엡 1:20-23.

예수님은 이제 하나님의 우편에 앉아 계신다. 왕이 통치하는 나라에서 통치자의 오른쪽 자리는 명예와 권세를 가진 자에게 주어진다. 하나님은 온 우주의 통치자이시다. 예수님은 하나님의 권세와 능력을 상징하는 그분의 오른편에 앉아 계신다. 복음의 메시지는 예수님의 삶과 죽음, 부활, 그리고 그분의 승천과 존귀에 모든 초점이 맞추어져 있다. 예수님의 메시지를 전할 때 당신은 어떤 면을 강조하는가? 전도는 흔히 예수님의 삶과 죽음에만 초점을 맞추는 경향이 있다. 그러나 그것만으로는 충분하지 않다. 예수님의 죽음으로 이야기를 끝맺는 것은 복음을 토막내고, 예수님께서 누구시며 무슨 일을 하셨는지를 놓쳐 버리는 결과를 가져온다. 예수님은 더 이상 온유하고 온순한 낮은 모습의 구원자가 아니다. 이제 그분은 그의 영원한 나라를 감독하며 통치하시는 주인인 것이다.

선교적 그리스도인들은 부활하시고 승천하신 예수님을 섬긴다. 우리는 능력 있는 구원자로서 높임을 받으셨으며 지금도 수많은 인생들을 변화시키고 계신 주님의 이야기를 전한다. 부활은 기독교만이 가지고 있는 독특한 특징이다고전 15:13-14. 승천은 최고 정점의 사건이다. 부활 사건은 죽음을 이기신 예수님의 능력을 증거해주며, 또한 사람들의 인생을 변화시키시는 그분의 능력을 확증한다. 예수님의 부활에 대해 설교하거나 가르치고, 대화를 나누는 것이 오늘날의 사람들에게는 때로 바보같이 느껴진다고전 1:22-23. 그럼에도 불구하고 선교적 그리스도인들에게 부활하신 예수님의 이야기보다 더 강력한 메시지는 없다. 우리는 승천하신 예수님께서 그분을 믿는 자들의 인생을 변화시키시도록 우리에게 능력 주실 것을 신뢰하며 복음을 전해야 한다.

선교적 그리스도인은 부활에 대해 말할 때 메시지 그 자체가 사람들의 삶을 변화시킬 것을 믿는다. 우리가 그분의 부활에 대해 증거할 때, 우리는 영적으로 죽은 자를 살리는 일에 동참하는 것이다. 우리의 역할은 부활의 메시지가 그 안에 감춰진 엄청난 능력으로 사람들의 삶을 뒤바꿔 놓을 것을 확신하며 그것을 자신 있게 선포하는 것이다.

그리스도인으로서 당신은 당신의 말에 권위를 부여하신 왕을 대신해 선포하는 것이다. 이러한 특권을 가진 선교적 그리스도인은 그들이 전하는 메시지의 능력과 그러한 힘을 공급해주시는 분으로 말미암아 '그보다 큰일'을 해낼 수 있는 것이다.

··· 예수님의 이름으로 기도한다는 것의 의미

더 큰일을 행할 수 있는 능력의 도구는 '기도'이다. 자신의 승천을 예고하신 후에, 예수님은 "너희가 내 이름으로 무엇을 구하든지 내가 행하리니 이는 아버지로 하여금 아들로 말미암아 영광을 받으시게 하려 함이라 내 이름으로 무엇이든지 내게 구하면 내가 행하리라"요 14:13-14고 말씀하셨다. 예수님의 이름으로 기도하는 것은, 드려진 기도가 하나님께 잘 전달되고, 즉각 긍정적인 응답을 받기 바라는 마음에 기도문 끝에 습관적으로 붙이는 주문이 아니다. 우리가 예수님의 이름으로 기도할 때 우리는 그분의 권세를 빌려, 그분이 하듯이 그분의 자리에서 기도하는 것이다.

일상생활에서도 사람의 이름은 큰 무게감을 갖고 있다. 예를 들어, 회사에서 누군가 "사장님이 이 프로젝트가 어서 완성되기를 바라신다네" 하고 말하면 대부분의 직원들은 서둘러 그 일을 진행할 것이다. 그 일을 원하는 사장의 권위가 그것을 가능하게 한 것이다. 마찬가지로 기도할 때도 당신은 예수님의 이름의 권세를 의지해서 말하는 것이다. 우리가 기도할 때 하나님은 우리의 권세가 아닌 우리가 의지하여 기도하는 그 이름의 권세로 인해 우리에게 응답하신다.

예수님은 자신의 이름으로 드려진 모든 기도를 하나님께서 들으실 것이라고 약속하셨다. 그렇다고 모든 기도가 응답된다는 뜻은 아니다. 때때로 하나님은 분명하게 "안 된다", "지금은 아니다"라고 답하신다. 계획하고 기도했던 일들이 이루어지지 않으면 우리는 하나님께서 우리의 기도에 응답하지 않으신다고 착각한다. 기도할 때 담대하게 구하라. 그리고 하나님께서 어떻게 응답하시든 그것을 겸손하게 받아들여라. 주 예수의 이름으로 기도할 때 중요한 것은 원하는 바를 얻는 것이 아니라, 당신이 의지하여 기도하는 그 이름에 합당한 방법으로 구하는 것이다.

선교적 그리스도인들은 예수님의 이름을 합당하게 사용하여 구하는 법을 배워야 한다. 만약 어느 백만장자가 당신에게 자기 통장에서 얼마든지 원하는 대로 돈을 인출해 써도 좋다고 하고, 또 그럴 수 있는 권한도 주었다면 당신은 그저 조금만 쓰겠는가? 아마도 그렇지 않을 것이다. 가용한 자원이 얼마나 되느냐에 따라, 그리고 그것을 보증하는 사람이 얼마나 큰 권세를 가지고 있느냐에 따라 당신은 다르게 요구할 것이다. 당신의 요청도 누구의 이름으로 구하고 있느냐에 따라 달라질 것이다. 우리는 예수님의 이름으로 구할 때 반드시 그 이름에 걸맞게 구해야 한다.

청년 시절, 어느 성경 교사가 내게 기도에 대해 집중적으로 가르쳐 주었는데 그 가르침은 내 인생에 지대한 영향력을 미쳤다. 성경 교사였던 돈 밀러는 깊이 있고, 열정적이며, 또한 실용적인 사람이었다. 어느 날 기도 세미나를 인도할 때 그는 물었다.

"불가능해 보이는 일을 놓고 기도해보라면 여러분은 무엇을 구하겠습니까?"

그건 쉬운 질문이었다. 나는 다음 학기 등록금을 위해 500달러를 달라고 하나님께 기도하고 있었으니까. 그것은 나에게 매우 큰 액수였다. 나는 사실 하나님께서 그만한 돈을 가지고 계시기나 한지 궁금했다. 그때 밀러는 "나는 내 생애 중에 하나님께서 모든 암에 대한 치료법을 보여 주실 것을 위해 기도하고 있습니다" 하고 모두가 깜짝 놀랄 만한 선언을 하였다. 갑자기 내가 구한 작은 금액이 얼마나 초라해 보이던지! 모든 암에 대한 치료법이 그의 생애 안에 개발된다고? 돈 밀러는 예수님의 이름으로 드리는 기도의 위력을 알았고, 그래서 온 우주의 주인되시는 주님의 이름에 어울리는 간구를 올려 드릴 수 있었던 것이다. 몇 년이 지나서 내가 갑상선 암으로부터 완전히 낫게 되었을 때 나는 돈 밀러가 생각났다. 천국에 가게 되면, 내가 치유된 것이 돈 밀러의 믿음 충만한 기도 때문인지 알아보고 싶다.

    선교적 그리스도인들은 불가능해 보이는 것들을 구하고, 하나님께서 "구하거나 생각하는 모든 것에 더 넘치도록 능히 하실" 엡 3:20 것을 신뢰하며 담대한 기도를 올린다. 우리는 오늘날 가장 위대한 기적, 곧 모든 사람들의 구원을 위해 간구한다. 불가능해 보이는 그 어떤 것일지라도 주님께는 가능하다. 높고 높은 보좌에 계신 주님의 존전에까지 울려 퍼질 만큼 값진 일들이 이루어지도록 예수님의 이름으로 하나님께 담대히 구하라. 오늘날 그보다 큰일을 행하고자 할 때 가장 중요한 방법은 예수님의 이름으로 기도하는 것이다.

••• 말씀에 순종할 때 드러나는 능력

그보다 큰일을 해낼 수 있는 능력의 근원은 하나님의 말씀에 대한 순종이다. 이것은 간단하지만, 당신의 삶을 성경에 계시되어 있는 진리와 일관되게 맞추어 나가는 심오한 과정이다. 예수님은 "너희가 나를 사랑하면, 내 계명을 지키라"요 14:15고 명령하셨다.

"나의 계명을 지키는 자라야 나를 사랑하는 자니 나를 사랑하는 자는 내 아버지께 사랑을 받을 것이요 나도 그를 사랑하여 그에게 나를 나타내리라"요 14:21.

예수님은 당신께 순종하는 것과 당신을 사랑하는 것을 동일하게 여기셨다. 말하기는 쉽다. 그러나 행동이 많은 말보다 더 강한 증거를 보여 준다. 만약 당신이 예수님을 사랑한다면, 그 사랑은 그분에 대한 충성이나 애정을 말로 표현하는 것보다 당신의 행동을 통해 더 많이 드러나게 될 것이다. 예수님은 당신을 사랑하고 순종하기 원하는 사람들에게 놀랄 만한 약속을 하셨다. 예수님께서 우리를 사랑하실 뿐 아니라 우리에게 자신을 보여 주신다는 것이다. 더 큰일을 경험할 수 있는 핵심 문구는 마지막 절에서 발견된다. 그분의 말씀에 순종하는 사람들에게 자신을 보여 주시겠다는 예수님의 약속이 바로 그것이다.

우리가 말씀에 순종하면, 예수님은 당신의 성품이 우리 안에 나타나게 해주시고, 우리를 통해 일하신다. 우리를 통해 자신을 나타내신다는 말이 바로 이 말이다. 인생의 기적적인 변화는 말씀에 대한 순종에서 비롯된다. 사람들에게 성경 말씀을 순종하도록 가르칠 때 그들도 이와 동일한 과정을 겪게 된다. 참된 변화를 경험하는 것이다. 진리를 따라 살고자 할 때 삶에 진정한 변화가 일어난다. 인생을 변화시키는 그보다 큰일은 성경을 가르치고 순종하도록 도울 때 가능해진다.

그렉은 몇 해전 그리스도인이 되었지만 회심하기 전과 별반 다름없이 살아왔다. 그러던 중 그는 매일 성경 읽기를 시작했다. 그는 성경 공부 모임에 참가했고, 그가 얻은 깨달음을 삶 가운데 적용하겠노라고 다짐했다. 그때부터 그의 삶은 즉각적으로 변화하기 시작했다. 옛 습관에 끌려다니는 일들이 적어졌고, 새로운 습관들이 형성되었다. 친구들과 가족들도 그 변화를 알아채고 놀라기 시작했다. 그렉이 바로 그들의 눈앞에서 변화되기 시작한 것이다.

회심은 당신을 즉각적으로 변화시키며, 새로 태어나게 만든다. 하나님의 말씀을 끊임없이 묵상하고 그것에 순종하면, 그 말씀이 당신을 서서히 변화시키고 새로운 삶의 방식을 따르게 만든다. 성경은 평생에 걸쳐 당신을 성화시키고 행동을 변화시키는 능력의 근원이다.

선교적 그리스도인에게는 다른 사람을 변화시킬 능력이 없다. 그러나 우리의 메시지, 즉 복음은 사람의 인생을 변화시키고 회심으로 이끌 능력이 있다. 하나님의 말씀에 따라 살도록 가르치며 끊임없이 제자 삼는 노력 역시 사람들의 삶을 변화시킨다. 이 모두가 그보다 큰일이다. 사람들이 진리를 믿고 그에 따라 자신들의 행위를 바꾸게 되면, 기적적인 삶의 변화가 일어나게 된다. 그때 비로소 가장 위대한 일, 한 사람이 구원받고 성화되는 일이 성취된다.

··· **성령님의 능력에 접속하기**

마지막으로 나눌 그보다 더 큰일을 해낼 수 있는 능력의 근원은 성령의 능력으로 사역하는 것이다. 예수님은 약속하셨다.

"내가 아버지께 구하겠으니 그가 또 다른 보혜사를 너희에게 주사 영원토록 너희와 함께 있게 하리니" 요 14:16.

예수님은 더 큰일을 성취할 수 있는 영적인 능력의 근원으로 보혜사 성령님을 보내 주실 것을 약속하셨다. 그럼에도 불구하고 계속되는 유혹은 우리로 하여금 복음의 진보를 위해 자신의 지혜와 능력, 통찰력, 권위 혹은 돈을 의지하게 한다. 우리에게 주어진 자원들도 큰일을 이루는 일부가 되겠지만, 그것들은 기적적인 결과를 만들어 내기에 절대로 충분하지 않다. 제자들이 물고기 두 마리와 빵 다섯 덩어리를 예수님께 드렸지만, 수많은 무리들을 먹이기 위해서는 거룩한 능력이 반드시 필요했다마 14:17. 동일한 방식이 모든 사역의 현장에도 적용된다. 주어진 능력으로 당신도 마땅히 최선을 다해야 하지만, 초자연적인 결과에 대해 자신의 기여를 과대평가하거나 자신을 과신해서는 안 된다. 성령님의 능력은 예수님께서 요구하시는 더 큰일을 이루기 위해 필수적이다. 앞서 제시된 핵심 내용들을 적용할 때 효과적인 선교를 가능하게 하시는 성령님의 초자연적인 능력을 경험하게 될 것이다.

••• 성취 가능한 사명

하나님께서 당신을 부르셨다. 당신이 이 책을 선택한 것도 선교적 그리스도인으로 바뀌기를 원하기 때문일 것이다. 당신은 선교사처럼 살기를 간절히 원한다. 어쩌면 당신은 복음 전파에 더욱 집중하는 모험의 길을 이제 막 떠났는지 모르겠다. 아니면 이미 어느 정도 그 길을 가는 중에 이 책을 발견하고 더 큰 용기를 얻었을 수도 있다. 그 연속선상의 어느 쯤에 위치해 있든지, 하나님은 당신이 더 넓은 시야로 그분이 만드신 세상을 바라보고, 또 그 안에 사는 사람들에게 복음 전하는 일에 더 큰 책임을 맡기 원하신다.

그러면 이제 어떻게 할 것인가? 첫째, 이 책을 읽었으니 이제 무언가 변화를 시도해야 한다. 아무 변화없이 이 책을 다시 곱게 책꽂이에 꽂아 놓을 거라면 이 책을 읽지 말라. 이 책을 읽고 도전받은 것들을 즉시 실천에 옮기라. 하지만 한꺼번에 시도하려고 실수하지 말라. 당신이 처한 환경에 가장 잘 적용할 수 있는 몇 가지 핵심적인 도전을 골라 실천하는 데에 집중하라. 이를 통해 선교적 삶을 산다는 것이 무엇을 뜻하는지 더 잘 이해하게 되면, 추가적으로 더 많은 변화를 시도해도 좋다.

둘째, 당신이 발견한 새롭고 중요한 아이디어들을 적용할 수 있도록 의도적인 변화를 시도하라. 더 많은 시간을 할애할 수 있도록 현재 몰두하고 있는 다른 활동들로부터 벗어나는 것도 한 방법이다. 항상 의도를 가지고 움직이되 갑작스럽게 변화를 시도하려고 하지는 말라. 진정한 변화에는 시간이 필요하기 때문이다. 선교적 그리스도인이 된다는 것은 새로운 습관을 익히도록 지속적으로 자기 자신을 조정하는 과정이지, 하룻밤 사이에 완벽한 변신을 이루는 것이 아니다. 새로운 삶의 방식을 익히게 될 때까지 목적 의식을 가지고 인내하라.

셋째, 하나님께서 당신을 통해 복음의 진보를 이루실 것을 신뢰하라. 선교적 그리스도인은 복음 전파에 대해 큰 책임감을 느낀다. 그것은 거룩한 부담이고 정신을 번쩍 들게 만드는 영적 현실이다. 그러나 이러한 목표를 이루게 만드는 궁극적인 능력은 결국 하나님께로부터 나온다는 사실을 잊지 말라. 성령 하나님께서 당신을 통해 성자 예수님의 메시지를 전하게 함으로써 비그리스도인들이 성부 하나님과 인격적인 관계를 맺을 수 있도록 이끄신다. 책임은 당신에게 있지만 그 책임을 성취할 수 있는 능력은 하나님으로부터 나온다. 사명을 성취하기까지 자신의 힘을 믿지 말고 오직 그분을 신뢰하라.

마지막으로, 불가능한 일을 시도하시고 놀라운 일을 이루실 하나님을 신뢰하라. 이웃이나 회사 동료들 혹은 친구들 가운데 도저히 복음이 전해지지 않을 것 같은 사람들이 있다. 그들은 복음에 대해 도무지 관심이 없고, 당신에게도 그 상황을 바꿀 만한 능력이 없다. 당신이 무슨 일을 한들 도움이 될까 싶기도 하다. 그러나 당신의 믿음이 부족한 것을 하나님의 능력이 부족한 것으로 착각하지 말라. 당신이 할 바를 다하고 하나님께서 일하실 것을 믿으라. 사랑의 하나님은 그의 자녀들이 살아나기를 원하신다. 그러니 아무 진전이 없는 것처럼 여겨지더라도, 성공하지 못할 것처럼 여겨지더라도 부지런히 전하라. 복음을 증거하기 위해 당신이 기도하고, 증거하며, 섬기고, 또 다른 여러 방법을 시도할 때 하나님은 그분의 역할을 하실 것이다.

하나님은 이 땅을 살펴보시며 이웃과 열방을 위한 선교에 동참할 그리스도인들을 찾고 계신다. 당신은 세상을 변화시킬 의지와 준비를 갖춘 사람으로 그분에게 발견되기 원하는가? 당신은 선교사처럼 살아갈 준비가 되어 있는가? 그렇다면 이제 움직일 때다!

••• 부록 •••

선교적 삶으로 이끄는 묵상과 적용

이 책 전반에 걸쳐 제시된 선교적 그리스도인이 되는 실천 방안들 중 핵심 개념들을 요약해보았다. 아마도 당신이 배운 것을 실천에 옮기는 데 도움이 될 것이다.

••• 기 도 하 라 •••

1. 하나님의 추수에 더욱 창의적인 방식으로 참여할 수 있게 해달라고 기도하라.
2. 많은 성도들이 추수 활동에 동참하게 해달라고 기도하라.
3. 복음을 증거할 기회에 더욱 민감하게 깨어 있도록 기도하라.
4. 당신의 전도가 항상 예수님께만 초점을 맞출 수 있도록 영적 훈련을 위해 기도하라.
5. 어떤 상황에서도 효과적으로 전도할 수 있는 지혜를 달라고 기도하라.
6. 복음을 담대히 전할 수 있도록 기도하라.
7. 당신이 사는 지역에 급속도로 복음이 퍼져 나갈 수 있도록 기도하라.
8. 친구들과 가족들의 구원을 위해 기도하라.

・・・ 복음을 연구하라 ・・・

1. 복음에 대해 당신이 믿는 바를 분명히 할 수 있도록 당신이 속한 교회의 신조와 교리를 읽어 보라.
2. 담당 교역자에게 좋은 교리 공부반이나 복음에 대한 좋은 서적을 추천해달라고 요청하라.
3. 일상에서 복음을 잘 전하는 법을 배울 수 있는 실용적인 과정을 이수하라.
4. 당신이 가지고 있는 신학적인 질문들을 정리한 뒤, 목사나 다른 영적 리더들의 도움을 받아 그 해답을 얻도록 하라.
5. 복음을 전할 때 관계 가운데 느껴지는 긴장감이 있는지 살펴보고, 담당 교역자와 이 문제에 대해 상의하라.

・・・ 성령을 체험하라 ・・・

1. 교회의 교리 선언문을 읽고, 성령님에 대한 당신의 입장을 분명히 하라.
2. 매일매일 성령 충만함으로 복음 전하는 사역을 잘 감당할 수 있도록 기도하라.
3. 죄를 고백하고, 그것이 당신 마음속에 내재하는 성령의 흐름에 장애가 되지 않도록 그 행위를 멈추라.
4. 성령에 더욱 민감해질 수 있도록 큐티, 기도, 예배 참석, 말씀 암

송, 금식 등 영적인 훈련을 하라.

••• 관계를 형성하라 •••

1. 복음 전파의 부담이 느껴지는 친구들과 가족, 그리고 이웃들이 있다면 목록을 작성하라.
2. 구원받지 못한 친구들이 주변에 별로 없다면, 의도적인 만남을 통해 친구가 될 수 있는 사람들의 목록을 작성하라.
3. 지인들을 점심식사나 티타임, 스포츠 경기 혹은 콘서트처럼 함께 즐길 수 있는 활동에 초대해서 관계 형성의 기회를 만들라.
4. 공격적으로 행동하는 비그리스도인들에 대한 당신의 태도를 바꾸라. 그들을 사랑하기로 결심하고, 그들의 무례한 행동에 초점을 맞추지 말라.
5. 믿지 않는 사람들의 모임과 특별히 연결되어 있지 않다면, 동일한 관심사를 가지고 있는 사람들이 모이는 클럽이나 그룹에 참여해 친구를 사귀라.

••• 변화하라 •••

1. 예수님에 대해 증거할 수 있도록 지나치게 과묵한 태도를 바꾸

라.
2. 다른 그리스도인의 잘못이나 지역 사회에 존재하는 기독교에 대한 부정적인 편견 때문에 당신도 복음에 대해 부끄러운 기억을 가지고 있는가? 그렇다면 그것을 극복하기 위해 노력하라.
3. 복음을 지역 사회와 연결시키는 데 장애가 되는 종교적 장벽들을 뛰어넘도록 노력하라.
4. 복음을 나눌 때 장애가 되는 모든 문화적 장애물이나 편견을 뛰어넘도록 노력하라.
5. 복음을 전달할 때 당신의 창의력을 가로막는 전도에 대한 고정관념을 뛰어넘어라.

••• 희생하라 •••

1. 시간을 낭비하며 참여하고 있는 시시한 활동들이 무엇인지 분별하라. 그것들을 당신의 일정표에서 지우고 그 시간을 선교 활동에 쏟아부어라.
2. 하나님 나라의 일을 위해 쓰일 수 있는 돈을 낭비하고 있진 않는지 돌아보라.
3. 누군가 복음을 들을 수 있도록 자신이 희생할 수 있는 일이 무엇인지 생각해보라. 그리고 오늘 바로 그것을 실천하라!

선교사처럼 살라

초판발행 • 2013년 3월 25일
7쇄발행 • 2019년 3월 20일

지은이 • 제프 아이오그
옮긴이 • 손정훈
발행인 • 임용수
대표 • 조애신
책임편집 • 이소연
편집 • 이소정
디자인 • 임은미
마케팅 • 전필영
온라인마케팅 • 고태석
경영지원 • 김정희, 조창성

발행처 • 도서출판 토기장이
주소 • 서울시 마포구 망원로 26 토기장이 B/D
출판등록 • 1990년 10월 11일 제2-18호
대표전화 • (02) 3143-0400
팩스 • (02) 3143-0646
E-mail • tletter@hanmail.net
www.facebook.com/togijangibook

ISBN 978-89-7782-284-9

값 11,000원

"우리는 진흙이요 주는 토기장이시니
 우리는 다 주의 손으로 지으신 것이라"
　　　　　　　(이사야 64:8)